和仁廉夫
Wani Yukio

歴史教科書とアジア

歪曲への反駁

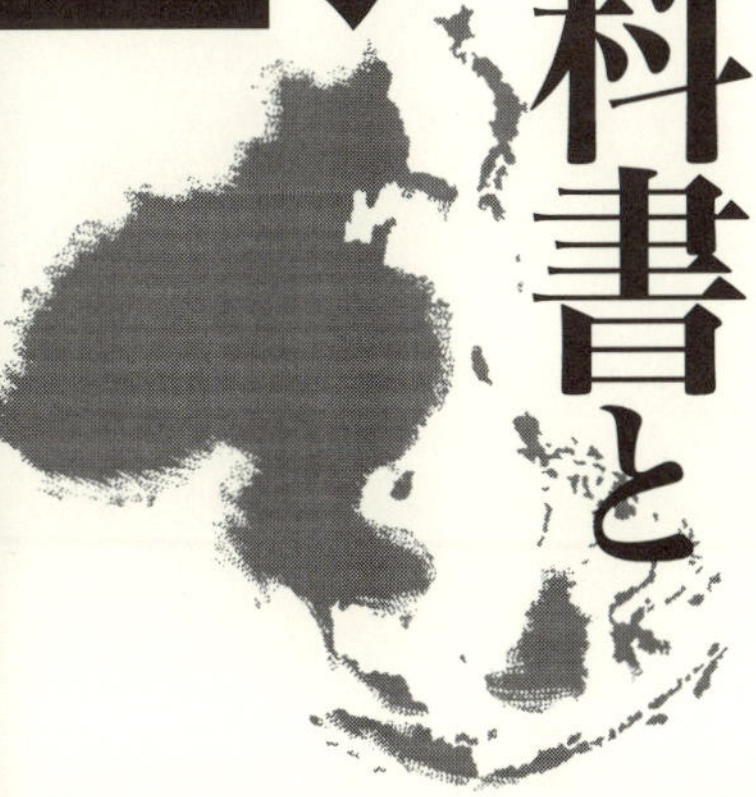

社会評論社

歴史教科書とアジア●目次

[プロローグ]歴史教科書——閉じる日本人

▲…靖国神社内を行進する旧皇軍兵士たち

私は前著『歴史教科書とナショナリズム』（社会評論社・二〇〇一年三月）で、近代日本の教育史をふりかえるなかから、歴史が一国史として書かれていく限りはナショナリストの国民統合の欲望から逃れられないと書いた。

歴史教育はつねに国家による国民統合の欲望にさらされる宿命にある。そしてその主たる教材が教科書である。「国民の物語」は同時に、「国民的偏見」「国民的誤解」「国民的憎悪」の源泉ともなって、次代の若者たちを誤った方向にも導き得るのである。

「新しい歴史教科書をつくる会」（以下「つくる会」）は下からの「草の根」運動の形を取ってはいる。だがその目指すところは『新しい歴史教科書』『新しい公民教科書』をサンプルに、歴史の解釈権や道徳の規定権を国家に売り渡す「売国」行為である。そのことは、完成した教科書を読めば歴然としている。

日ごろ華僑・華人社会のエネルギッシュな動きにふれていると、いつまでも変わろうとせず、内向するばかりの日本社会にとてつもないもどかしさを感じる。そしてこのもどかしさは、海外の人々の日本に対する見方でも共通認識になりつつある。

いまなぜ「国民の物語」が登場したのか。私なりの解釈を提示したい。

（本稿の原載は『図書新聞』二〇〇一年五月五日号、聞き手・米田綱路）

◆九〇年代半ばから進んだ右派勢力の政治的仕掛け

――和仁さんは先頃『歴史教科書とナショナリズム――歪曲の系譜』（社会評論社）を刊行されました。このなかで和仁さんは、「新しい歴史教科書をつくる会」（以下「つくる会」）による中学歴史・公民教科書の検定申請本の内容を追い、歴史の「歪曲の系譜」を明らかにしておられます。また、『歴史教科書とナショナリズム』では、この教科書に対する韓国や香港、中国などアジアの報道を伝えるとともに、アジアの教科書とナショナリズムについて考察されている点が特徴的です。

ちょうど去る四月三日、「つくる会」の歴史、公民教科書が、それぞれ一三七項目、九九項目の修正を経て検定合格しました。まず、このことを和仁さんはどう捉えておられますか。

和仁　去年の夏に「つくる会」の検定申請本（いわゆる「白表紙本」）を手に入れた段階で、私は文部省（現文部科学省）記者クラブの記者や教科書問題に取り組む市民運動の方々に、「これは検定でどうなるでしょうか」と取材してみたんです。そうすると、「現状では、これはまちがいなく合格するでしょう」と皆さんおっしゃるんですね。教科書検定に詳しい方々がそうおっしゃるわけですから、私はそのとき、「これは時限爆弾になるな」と思いました。

当時、日本社会のなかでこの問題を知っている人はごく一握りでしたし、政治家やジャーナリストのなかでも、これが大変な外交問題に発展するという認識は乏しかったですね。ですが私は、これはまちがいなくアジア諸国の反発を招くと思いました。それで「つくる会」の歴史教科書について調べ始めたわけです。

――和仁さんが本のなかでも書いておられるように、歴史教科書問題を遡れば、一九八二年に「侵略」の「進出」への書き換えが外交問題に発展しました。そのときに比べると、今回の検定合格に象徴される歴史教科書問題は、やはり日本における歴史認識がかなり後退し、稀薄になってしまっている状況をさらけ出したのではないかと思うのですが。

和仁　一九八二年の歴史教科書問題のときの教訓が生かされて、きっちりと財産化されていれば、このようなことはまず起こらなかったでしょう。ところが、自民党のなかで、

「歴史検討委員会」とか、「若手議員の会」とか、「つくる会」の教科書を通してしまうような、右派勢力のさまざまな政治的仕掛けが一九九〇年代半ばから進んでいくわけですね。

　そしてこの具体化が、いわゆる「自由主義史観」です。彼らは「大東亜戦争」という言葉を今回の教科書で使いましたけれども、彼らは「大東亜戦争」（アジア太平洋戦争）は止むに止まれずやった正しい戦争であったと主張しています。そして、この延長線上に「つくる会」が発足するわけです。

　このような歴史的経緯のもとで現在に至っていますから、彼らは周到な準備のもとに一大政治運動を展開してきているわけです。ですから、私たちの歴史認識が稀薄化したという以上に、八二年の教科書問題を収拾したときに「傷ついた」右派勢力の人たちが、その後、これからどうやって自分たちの意見を通していくかということを真剣に考え、ついに勝負に出てきたと見るべきでしょう。


――和仁さんは先日まで、歴史教科書問題に対する報道を香港で取材しておられたそうですが、今回の「つくる会」教科書の検定合格について、アジアではどのような報道がなされているのでしょうか。

和仁　今日までの新聞報道を見た限りでは、韓国の方が香港よりははるかに多く、昨年夏から継続的に報道がなされています。しかも、韓国の学者や市民グループ、さらに与野党の政治家も含めて、この教科書問題に対する認識は深まっていますし、よく研究しています。また、日本の市民運動との交流も密接に行われてきていましたので、韓国では検定合格発表前から、教科書問題に関する認識は深まっていたといえます。

実際、発表数日前に、私がある報道機関の教科書プロジェクトチームに電話を入れた感触では、韓国メディアの記者たちは、日本のメディアが報道協定の制約で公表できないうちから、あの手この手でその中身を必死に知りたがって接近してきたといいます。韓国の人々はいま日本で何が進行しているのか、よく知っていると思いました。

中国の場合は韓国と少し違って、情報が入ったのも少し遅く、当初の理解は概括的だったように思いますね。ただ、今回の「つくる会」の教科書は中国をいちばん敵視した叙述をしていますから、小林よしのり氏の『台湾論』や、最近の金美齢女史が果たしている役割、さらに李登輝前台湾総統の訪日問題なども関連して、今年になって急速に関心が高まっているようにも思います。日本の右派勢力が中国を敵視し、さまざまに挑発をかけてきているという受け止め方があるのではないでしょうか。

いまのところ中国政府の反応は、マスコミや市民団体の突き上げが激しい韓国ほど激烈というわけではなありません。中国政府も韓国政府と同様、いまの日本との関係を破壊したくはありませんから、その点ではなるべく冷静に事態を見極めようとしている様子があります。ですから、中国政府として言うべきことは言ってはいるんですけれども、報道ぶりはかなり控えめです。ただし、政府が民衆運動を煽ることもしない代わりに、中国民衆の側にもしそういう動きが出てきてしまった場合、どう対応すべきかということも充分に検討されていると思います。

◆露出する自民党の国家主義的な本音

――『歴史教科書とナショナリズム』では、戦前の教育勅語を復活させる動きや「新教育勅語」論議、家永教科書訴訟、そして先ほど話に出ました八二年の「侵略・進出」問題など、近代日本教育史とナショナリズムの絡み合いのなかで歴史教科書問題が考察されています。その延長線上に、今回の「つくる会」教科書も出てくるわけですね。

和仁　歴史教科書とナショナリズムの関係を考える場合、私は三つのスパンで見る必要があると思います。今回の教科書攻撃に対処して、よく行われているのは一九九〇年代半ばから現在にいたる過程を追跡するという方法です。このほかに明治以来の近代教育史全体で見る視点も必要です。この場合、国民国家づくりのなかでナショナリズムがどのように注入されていくかという過程を見ていくということですね。

もう一つは戦後史のなかで見ていく方法です。戦後は占領改革により国家主義な国家観はいちおう表向きは払拭されているわけですが、注意しなければならないことは、私がこの本に史料として入れた『自由民主党結党綱領』です。そこには、「正しい民主主義と祖国愛を高揚する国民道義を確立するため、現行教育制度を改革する」「国民情操の純化向上につとめる」ということが謳われているわけですね。これは教育の国家主義化をオブラートに包んで語っているわけです。また一方で「現行憲法の自主的改正をはかり、また占領諸法制を再検討し、国情に即してこれが改廃を行う」と改憲を目標に掲げています。

つまり、一九五五年一一月の『自由民主党結党綱領』というのはまさしく、自民党の究極の目標が「改憲」と「教育の国家主義化」であるということを明記したものなんです。しかし、結党四五年以上経過してもそれができなかったのは、東西冷戦構造とその日本的形態である五五年体制にこれを牽制する力があったからです。議会で約三分の二弱を占める自民党と、約三分の一前後を占める社会党がそれぞれ西側と東側に結びつき、財界と労働界という日本社会のふたつの階層の利益を代表していました。それはたしかに時間の経過とともに風化しつつも、ある程度は機能し続けたわけです。国内的には、一方は政権は維持しつつも改憲はできない。他方は改憲は阻止できるがいつまでも政権が取れない。この構造のなかで、自民党結党綱領に書かれた教育の国家主義化と憲法改正は、彼らの宿願でありながらできなかった。

自民党は「自由民主」という名こそ冠していますけれども、これは「社会主義」「共産主義」に対抗する必要から、「自由」なり「民主」なりを標榜しただけであって、この政党の志向性を正しく表現するなれば、「国家正義党」「国家革新党」という名前の方がより正確だと思います。

そうした、自民党の国家主義的な本音が表に出しにくかった時代が長く続いたわけですが、東西冷戦構造が崩壊したために、自民党の本音がはばかりなく語られるようになってきた。しかも冷戦構造の崩壊過程で、日本も政界再編の波を幾たびかかぶっています。そのなかで、自民党も野党を経験しましたし、新進党や民主党ができる過程で、自民党のなかのリベラルな人々はあらかた自民党を飛び出してしまっている。自民党の中のリベラルが崩壊しているわけですから、より国家主義的な傾向に座標軸が移っている。

したがって、一九八二年の教科書問題のときにはアジア諸国との国際協調を優先して言えなかったようなことも、いまは本音であるところの国家主義に立った国家再編と国民統合を目指すという基調で、はばかることなく言えるようになった。そうした事態が進行しているのではないでしょうか。

◆「痛みを知らない右翼」の台頭

――「つくる会」の動きだけに止まらず、和仁さんが本のなかで書いておられるように、教科書出版社の経営者が内閣官房筋や自民党議員たちに呼びだされて圧力をかけられるといったように、「自国中心史観」的教科書づくりへのお膳立て、露払いが早い段階から始まっているわけですね。

和仁　そうです。すでに検定の準備段階から、出版社の経営者は恫喝をかけられていたようですし、そのことは『歴史教科書とナショナリズム』のプロローグに書いたとおりです。

――一九八二年のときに「傷ついた」自民党議員や、また戦前的体質を濃厚に帯びた長老議員たち、憲法改正発言など「失言」ならぬ本音を吐いた者たちだけでなく、若手議員のなかに、国家主義的言辞を吐き、「自国中心史観」教科書を支持する者たちが出てきている事態を、どう考えればいいのでしょうか。

和仁　「日本を守る国民会議」を再編した「日本会議」や「若手議員の会」など、自民党の内外にある右翼的な議員集団を形成しているのは、もはや旧世代の板垣正氏や奥野誠亮氏といった戦争体験をくぐり抜けてきた人たちではなくて、中川昭一氏や野田聖子氏など、戦後生まれの議員たちです。この人たちは今や誰はばかることなく「右翼」を演じちゃうわけですね。憲法改正や靖国神社参拝など、躊躇することなくごり押しできるのです。

なぜそうなるのかということを考えてみますと、戦争体験世代というのは、戦争というものがなんであったかとか、自分たちがアジアや中国大陸で何をやってきたかということを、みな肌身で知っているわけです。「将校」であろうと、「特務」であろうと、あるいは「下級兵士」であろうと「軍属」であろうと、さらには庶民の一員として、海外で商売をしていたり、開拓農民であったり、或いは国内で「銃後の守り」につかされていた人も、それぞれに戦争というものをさまざまな場面で受け止めている。とくに戦時中に海外の体験をしている人たちは、日本軍がそこで何をしてきたか、何がおこったかをそれぞれ実際に見聞きしているわけです。そこでいい思いをした人も、悪い思いをした人もいるとは思います。ただ、同時に日本がアジアに対しておこなった加害行為だけでなく、天皇の軍隊という組織内部の不条理、言葉をかえて言いますと、日本社会特有のいじめの構造をも見て来ているわけですね。天皇の軍隊がいかに不条理なものであったかを身をもって知っているわけです。だから戦後、政治的、思想的にどのような立場に立とうとも、ある種の躊躇なり、遠慮というものが働いたと思うんです。

ところが、中川昭一氏や野田聖子氏の世代になるとそれがない。いまや戦中を知る人たちが退き、戦後世代が社会の中軸になってきています。そういう意味では、「痛みを知らない右翼」が出現したんだなということだと私は理解しています。

——そうした「痛みを知らない右翼」の煽動に、若い世代が同調したり、あるいは無抵抗ないし無関心という構図が、いま最も大きな問題としてあると思います。和仁さんは高校や予備校の教壇に立って日本史を教えてこられた経験をお持ちですが、殊に歴史教科書問題についていえば、教科書の記述云々ということにもまして、若い世代の問題が大きくなってきますね。その点について、和仁さんはどう見ておられますか。

読者通信

本書への批判・感想、著者への質問など
ご自由にお書き下さい。

最新情報は、社会評論社のホームページで
☞ http://www.netlaputa.ne.jp/~shahyo

小社刊行図書ですでにご購入されたものの
書名をお書き下さい。

■購入申込書■

小社刊行図書をより早く、より確実にご入手するために、
このハガキをご利用下さい。ご指定の書店に小社より送本いたします。

取次店番線
この欄は小社で
記入します。

ご指定書店名

同書店所在地

書名

定価　円（　）冊

ご氏名

ご住所

お電話

郵 便 は が き

料金受取人払

本郷局承認

1814

差出有効期間
2003年4月5日
まで

有効期間をすぎた
場合は、50円切手を
貼って下さい。

113-8790

（受取人）
東京都文京区
本郷2-3-10

社会評論社 行

ご氏名

（　　　）歳

ご住所
〒

ご職業または学校名

今回の購入書籍名

購入書店名　　　　　　所在地

本書をどのような方法でお知りになりましたか。

1. 新聞・雑誌広告を見て（新聞雑誌名　　　　）
2. 書評を見て（掲載紙誌名　　　　）
3. 書店の店頭で（書店名　　　　）
4. 人の紹介で　　　　5. その他

購読新聞・雑誌名

和仁　やはり、若い世代の社会性の欠如という問題が大きいと思います。結局、他者がいないんですね。身内しかいない。自分だけの世界にこもりがちなんですね。他者に自分を晒すことを怖がっているのかもしれない。

私自身のことを語ると、日本社会だけしか知らない頃はとてもつまらなく、息苦しい社会だなあと思っていましたけれども、アジアとの関わりのなかで仕事をするようになってとても気分が楽になりました。というのは、日本社会というのは、「みんなが同じようなことを考えている」ということに安心する社会だということです。たとえば中国人社会では、ひとりひとり身勝手でわがままに見えるけれども、お互いに違うことを主張してはじめて認められる社会ですね。つまり、エゴまる出しの社会なんですよ。逆に言うと、自己主張できない者は、生きる能力がないと見なされる社会です。これは欧米社会も同じだと思います。

そういう意味で、日本の教育は生きる能力を教育していないと言えますね。教科書に書いてあることをひたすら覚えるのが教育だと思っている。だから日本の若者は、国際交流の場で、「きみはどう思うの?」と聞かれたときに、なかなか意見が言えないわけです。香港の高校生たちと交流したとき、向こうの方では蜂の巣をつついたように活発な意見が出ているのに、日本の若者が圧倒されてなにもいえずに押し黙っているという場面に遭遇したこともあります。

そのくせ、感情的な快不快原則だけはものすごく発達している。「いらつく」とか、「むかつく」など、感情の快不快をあらわす言葉はものすごく発達するわけですけれども、なぜ「ムカッ」とくるのか全然説明できない。私は、そういうところにナショナリズムが入り込んでいく余地があったんだと思います。

つまり、一方に快不快原則があって、他方で論理的な自己表現ができない自己がある。他者に向かって自己アピールができないということは、心の中がいわば空洞ですね。その空っぽの世界に、悪魔の囁きのように「きみは日本人なんだ」といったその前提すらあやしいナショナリズムが吹き込まれていくわけです。

◆受験には役に立たない「つくる会」教科書

――検定に合格した「つくる会」の中学公民教科書には、「国柄」といった言葉も入っているのですね。

和仁　ええ、公民教科書の後ろの方で西部邁氏がさかんに書いています。そこでは、「人間の個性はその人の属する国の歴史と国柄の中で育つ」と書かれています。ここで著者はさすがに「国体」とは書かなかったわけですが、「国柄」とは事実上の「国体」を指す言葉とみていいでしょう。つまり、「日本というナショナル・アイデンティティにこだわって生きなさい」というわけですね。

いま世界では国境の垣根はどんどん低くなっています。それなのに日本はとくに内向きの傾向が強まっています。アジアの他の国や地域にまったくそういう傾向がないとは言いませんけれども、とくに日本では内向きの傾向が強く出ています。「国柄」という言葉が出てくるのも、その表れですね。

――そうした「国柄」への国民統合とともに、やはり国民の「道徳的統合」を目指すものなのか、「教育勅語」も持ち出されました。「つくる会」の中学歴史教科書には、「教育勅語」の全文が収録されているのですね。

和仁　はい。確かにそうです。ただ、私はこのことにはさほど驚かなかったのです。というのも、高等学校の『日本史』の教科書では、たとえば受験に強いといわれる山川出版社の『詳説日本史』に「教育勅語」の全文が載っています。ただ問題なのは、「つくる会」の白表紙本では、「教育勅語」の全文だけでなく、その説明文のなかで「国家に尽くす姿勢」などと強調されていることです。「教育勅語」が載せられていることを、あまりおどろおどろしく語る必要はないと思うのですが、「教育勅語」を「近代日本の人格の背骨をなすものであった」と褒めたたえてしまっていますから、そこまで書くのかという気がしますね。

――そういう意味では、「教育勅語」の精神を学ばせることで、西部邁氏の本のタイトルにもなった『国民の道徳』を涵養するという要素を教科書に持たせたい意向があるということなのでしょうか。そして、実際に教育現場で先生がそれを教えるという局面が出てくるわけですが、そのことについて和仁さんはどうお考えですか。

和仁　実際に中学生の教科書として使われるとなると、「つくる会」の歴史・公民教科書は思想信条以前の問題として、中学生には難し過ぎます。それから、現場の教科書採択の問題になりますが、実際にどのくらい採択されるかというと、これは非常に疑問です。

なぜなら、高校受験には役に立たないし使えない。とても難しいくせに、受験に必要なことが書かれていない。

仮に、自分が中学生になったつもりで読んでみると、特に公民教科書は高校の政経の教科書よりも難しくて内容がつかみにくいです。歴史についても、どこまでが嘘でどこまでが本当か分からないですからね。そういう点で言うと、「つくる会」の教科書は要領を得ない教科書だということができます。なにしろ時代区分や用語の配列があまりにも異質ですから、結局のところ、「つくる会」の人々が主張したいことを主張するためにこのような内容になったんだと思いますが、受験には使えない自己満足の本です。実際、この教科書で勉強したら、子どもたちは確実に歴史・公民嫌いになりますよ。

「つくる会」側では版元の扶桑社に赤字を出させずに教科書を存続させるために、この教科書を一五万部採用させて、シェア一〇パーセントを目標に定めて言っています。しかし、こうした使いにくい教科書を採択する学校が実際に何校あるのか、大いに見物です。

◆「一国史」の枠組みを取り払えるか

——「日の丸・君が代」の法制化によって、教育現場で教師や生徒への掲揚・斉唱強制が強まっています。それに反対する教師への処分を辞さない締め付けが起きていますけれども、今回の歴史教科書問題も、先ほど和仁さんが言われた、九〇年代後半からのナショナリズム強化と狭隘化という大きな流れのなかで捉える必要があるのですね。

和仁　その通りです。今回の「つくる会」教科書の検定合格はこうした大きな流れの一環だといえます。「日の丸・君が代」法制化、「教育勅語」的な道徳律をくみ取った教育基本法の改悪、さらに靖国神社の「国営墓地」化や憲法改正も控えています。靖国問題の場合は宗教色を排除して国営化していくという方向が野中広務発言で示されたことがありますが、いずれにせよ、これら一連の動きは、二一世紀に向けた日本の国家主義的再編の一環と考えることができます。

戦後の保守層が過去にはやりたくてもできなかったことが、今なら何でも通るということで、一気に推し進められている流れだということです。

ただ、現在の世界の趨勢を考えたとき、戦後の占領改革や民主化の反動として、保守層がこれらを画策した当初にはそれなりに意味があったかもしれませんが、いまは国家主義化を進めるなどという、そんな時代じゃないだろうと思うんですね。先日、香港の議員たちと懇談する機会があったんですが、そこで彼らが話したのは、「共産党が社民化し、社会党が『緑の党』化するというのは世界的な趨勢としてわかるが、欧米ではいっぱんに保守勢力も中道化していく流れにあるのに対し、なぜ日本では自民党がまるごと右にシフトしてしまうのか？」って言うんですね。

韓国の新聞でも「日本の右傾化どこまで」などというキャンペーンを盛んにやっています。世界的な趨勢からすれば、冷戦後に左翼が崩れていくのはわかるとしても、日本の場合は保守がまるごとさらに右翼化していきますので、日本社会全体がこぞって右傾化している。これがアジアの人々の憂慮と懸念を呼んでいるのです。

――和仁さんは本のなかで、麗澤大学の「シナ」差別発言事件や静岡県立大学のアジア蔑視教育のルポも書かれています。大学のキャンパス内で起きている問題も、日本ナショナリズム強化と切り離せない問題なのですね。

和仁　いま大学は、少子化や若年人口の減少などで、経営的な生き残りをかけて、中国などアジアからの留学生でこれを埋めようとしています。特に、社会的評価が中位以下の大学や、地方の立地条件の悪い大学にとくにその傾向が強いですね。専門学校のなかにも外国人留学生を受け入れたり、新たに日本語学校を併設するところが出てきました。いっぽう、日本で学ぼうとする意欲のあるアジアからの留学生も増えているわけですね。需要と供給、つまり大学側の思惑と留学生の期待が一致しているのが今の現状です。

さらに、日本政府の政策としては専門職や技能職しか受け入れていないのですが、労働現場でも日本の人々が嫌がるいわゆる「三K労働」の戦力として、日本の企業、とりわけ労働力不足に悩む中小企業を中心に、かなり切迫して外国人労働者を必要としている構造があります。

このように、実際には外国人を必要としているのに、精神的には日本人はこれを受け入れることなく、どんどん内向きになっている。アジアからの留学生が増え、外国人がどんどん入ってきているのに、日本人の心の世界は排他的になっているのです。そうしたなかで、「南京大虐殺はなかった」「慰安婦はお金儲けの売春行為だ」などということを教室で豪語する先生が大学にもいるわけですね。静岡県立大学や麗澤大学の問題は、まだまだ氷山の一角です。この手の不心得者はこれからも出て来ます。私たちの社会のなかにそうした感情がある限り、過去の大臣の妄言と同じで、いずれまた出てきますよ。

このことは「つくる会」の教科書についても言えます。今回の教科書問題が外交的にどう決着するかはわかりませんが、日本人の心の世界にそうした感情がある限り、歴史を改ざんするという、この手の問題は手を変え品を変え、また出てきます。

――このような問題をくり返さないために、どのような方途があると和仁さんはお考えでしょうか。

和仁　歴史教科書問題に限って言えば、『歴史教科書とナショナリズム』のエピローグにも書いたことですが、歴史を「一国史」として教えているところは、日本とその旧植民地であった台湾・韓国・北朝鮮、それに長く日本の交戦国だった中国の教科書に特徴的なことで、欧米ではあまり一般的ではないようです。歴史教育からナショナリズムの要素を極力取り除くには、できるだけ「一国史」の枠組みを取り払うのが最も良い方法だと思いますね。自国に関する叙述が多くなるのはやむをえないとしても、たんに『歴史』として、周辺諸国・諸地域の歴史を含めた、公平な歴史叙述に改めていくわけですね。

そういう意味では、隣国との間で教科書対話を進めたり、共同で教科書づくりを進める取り組みもよい方法です。すでにドイツとフランスやポーランドとの間にはこのような蓄積がありますし、日韓間でも民間の学者レベルで教科書対話が進められています。

ただ、日本政府は過去において、このような方向づけにはきわめて消極的・否定的な態度をとり続けてきましたし、日本と周辺諸国の歴史認識にはまだまだ隔たりがあります。実際には簡単に進まないとは思います。

1 「つくる会」教科書とアジア

影美化侵略

●電影《獨立》講述二千名日軍在日本戰敗投降之後，仍留在爪哇協助「解放」印尼。

償韓慰安婦裁決

無嚴重違反憲法

高等法院
本政府必
決，指二
軍妓及苦
毋須賠償

圓。山口地方法院九八年裁定日本政府須向三名前慰安婦各賠償卅萬日圓（約一萬九千港元），理由是日本政府事後沒有協助她們治好被迫害的創傷，但裁決指日本政府沒有責任向受害人道歉。

這是日本有史以來首次向慰安婦作出賠償，當時原訴人聞判後非常雀躍，但認為賠償太少遂提出上訴，而日本政府亦以事件早已在戰爭結束時按和平協議與各國政府解決了為由，向高院提出上訴。在上訴期間，其中一名原訴人因年事太高而辭世。

目前，約有十宗同

謬

體憤怒聲
的要求，
出抗爭，直
歉為止。
婦女及七名
九二年集

●在美化日本軍國主義的電影劇照，可見正升起日本和印尼

▲…映画「ムルデカ」に対する批判の声も大きい。（2001年３月30日香港紙）

戦後、社会科の教科書や歴史教科書が右翼政治家などから攻撃された歴史は四次に整理できる。前史ともいえるのが一九五五年の日本民主党による「うれうべき教科書の問題」である。そして一九八二年に文部省が教科書検定で日本の侵略・加害叙述を書き換えさせていた第一次教科書問題。これは「侵略・進出」問題として知られる。そしてこの時から韓国・中国などアジア諸国との外交問題になった。一九八六年には右翼学者グループによる高校日本史教科書『新編日本史』(原書房)の検定合格をめぐって、やはり外交問題化した第二次教科書問題があった。このため今回の二〇〇〇~〇二年「つくる会」教科書問題は、第三次教科書問題とも呼ばれている。

一九八二年・八六年当時にはアジア諸国で激しい抗議活動がおこったのだが、今回は韓国以外の動きは、抗議の声こそあがってはいるものの、民衆運動としては比較的おとなしい。その要因としては、戦争体験世代の退場や旅行・留学を通じての相互理解の進捗、さらに日本製ポップ・カルチャーの浸透などが考えられる。

二〇年前と比べてアジアはどう変わったのだろう。まず全体の動きから概観してみたい。

◆二一世紀に持ち越した日本の歴史認識問題

ことし二月二一日、『朝日新聞』の一面トップに「『つくる会』の歴史教科書、検定合格可能性高く。政府、歴史認識触れず。近隣諸国と問題化か」という見出しが踊った。三面には「韓国・中国反発強く」という東アジア諸国の反応を詳しく紹介した記事もあり、歴史教科書問題はようやく国内でも大きく報道されるようになった。

おりしも野呂田芳成衆議院予算委員長が遊説先で「大東亜戦争のおかげでアジアが独立した」(趣旨)という発言をしたため、中国・韓国が反発したほか、野党も野呂田委員長の不信任決議案提出の動きを見せていた時期とも重なった。

いっぽう、「つくる会」創立以来これを全面的に支え、版元である扶桑社の親会社の立場にある『産経新聞』もこれに素早い反応を見せた。二月二三日付一面トップには、「中国、不合格を要求、『日中関係に影響』言及、歴史教科書検定へ中国政府が批判、日本の対中姿勢牽制、政局混乱にらみ攻勢か」という記事を掲載し、同日社説では、「検定に圧力をかけるのか」と、暗に『朝日新聞』の報道を批判したのである。

翌二月二四日には、『朝日新聞』が社説で「教科書採択、現場の声を排除するな」と、

▲…各紙が教科書問題を活発に報じている。

地方議会で広がっている教科書採択における教員票排除の動きを批判したのに対して、『産経新聞』は「不合格要求、外務省は毅然として臨め」と、《反外圧キャンペーン》を開始した。キャンペーンはその後も続き、三月四日には再び一面トップで「『検定不合格』を中国が正式要請、代理大使呼び」と報じるとともに「外圧・政治介入、毅然として拒否を」と題した論説を掲載した。

このように、「つくる会」教科書をめぐって『朝日新聞』と『産経新聞』が対抗する論陣を張る展開のなかで、他の媒体も社説などで「つくる会」教科書問題に対するそれぞれの立場を鮮明にし始めている。

◆記述修正で合格へ

その「つくる会」の『中学歴史』教科書は、二〇〇一年二月二二日に版元の扶桑社から文部科学省に最終修正本が提出されており、一三七カ所にものぼった検定意見のすべてに表現の修正や削除が行われたと報じられた。このように検定意見のつけられたすべての箇所に記述の修正がなされたため、文部科学省は最終的に「つくる会」教科書を合格させる方針だというのが、各社の報道内容だった。

また、「つくる会」教科書の白表紙本が早くから広く流出し、内外の関心と批判を招いていたため、文部科学省は七月に予定していた検定結果の公表を前倒しし、三月一五日の教科用図書検定審議会の最終決定を経て、三月末までに内外に修正箇所などを公表する方針であると報じられていた。(二〇〇二年四月から使用開始の新課程中学教科書の検定結果が本格的に報道されたのは二〇〇一年四月三日夕方からだが、事前に文部科学省が文部記者会加盟各社に検定結果を説明したのは三月三〇日のことで、四月三日午後五時に報道解禁が設定されていた)。

早くも三月五日には、各紙とも時事通信電を引用する形で、「つくる会」教科書の記述修正内容の一部を報道し始めている。ただし時事通信が配信したのは、「つくる会」教科書の記述のうち、近代史において朝鮮半島の地勢学的位置を凶器に例えた記述や、南京大虐殺をめぐる内容などについて、いくぶんの改善や削除が行われたという部分に限られている。このように公表された内容がいずれも「近隣のアジア諸国との間の歴史的事情の扱いに、国際理解と国際協調の見地から必要な配慮がなされていること」という教科用図書検定基準の「近隣諸国条項」に抵触する部分に限られていたことから、文部科学省が記述修正内容の一部を時事通信にリークすることで、懸念を表明している韓国・中国の反応に探りを入れたともとれた。

「つくる会」会長の西尾幹二は、「個別部分は屈辱的ともいえる修正も受け入れた」と発言するいっぽうで、「我々の考え方そのものは残っている」(二月二一日『朝日新聞』)とコメントしており、「つくる会」教科書の根幹にある考え方、つまり天皇中心の国家主義的な体質は温存されての検定合格が進められていたのである。実際、ある教科書会社の関係者が、文部科学省に扶桑社関係者が呼ばれ、合格させるためのレクチャーが行われている場面を目撃している。「つくる会」教科書を合格させるため、自民党・文部科学省あげての手心が加えられたと見るべきであろう。

三月七日には、「つくる会」の『中学公民』教科書も、検定意見が付いた九九カ所をすべて修正して合格する見込みだと報じられた。じつはこの『中学公民』もまた、中国・北朝鮮など近隣のアジア諸国をことさらに敵視し、対外有事・危機管理を煽り立て、改憲と海外派兵の必要性を公然と主張しているとんでもない教科書だ。

冒頭のグラビアには、西村眞悟議員（自由党）が石原慎太郎（作家・現都知事）らと共に尖閣諸島（中国名：魚釣島）に出向き、西村議員が上陸して日の丸旗を掲げる写真まで掲げている。辻元清美議員（社民党）にセクハラ「ゴーカン発言」をかまして女性議員たちを怒らせたあの西村議員のパフォーマンスが、ついに「国民の道徳」を教える『中学公民』教科書の巻頭カラー・グラビアを飾るようになったのである。吉野川河口堰問題などでは住民投票を批判し、日本国憲法を目の敵にして大日本帝国憲法を礼賛するこの教科書は、民主主義への蔑視と「国柄」を語り、「国家」「家族」「共同体」を統合した強烈なナショナリズムを主張している。

これが合格する事態ともなれば、『中学歴史』教科書と同様に、その内容が大きく問題となることは避けられなかった。

◆韓国・中国の懸念と抗議

アジア諸国の懸念は、検定申請本が広く流出していた昨年夏頃からすでに始まっていた。とくに韓国メディアは、「つくる会」による歴史歪曲を一九九八年の金大中大統領訪日の際に発表された「日韓共同宣言」の精神に反するものとしてとらえ、その後も継続的な報道を続けてきたため、世論の関心も高かった。

そんななかで野呂田発言があったからたまらない。さっそく二月一九日には韓国政府の外交通商省幹部が、「日本の政権与党、自民党所属の衆議院議員がこのような時代に逆行する発言をすることは、両国間の友好協力関係はもとより、日本にとっても好ましくない」というコメントを発表した。

二月二〇日には『朝鮮日報』が日本の歴史教科書問題の動向を一面トップで伝えたが、同じ日の国際面には、西尾幹二・藤岡信勝・小林よしのりら「つくる会」関係者五人の顔写真が掲載され、今までの「つくる会」の軌跡と、その運動内容についての詳しい解説が付けられていた。翌二一日には『東亜日報』も一面や社説を通じて、「つくる会」教科書が惹起した日本の歴史歪曲問題をとことん追及する姿勢をみせた。

日本では二月二一日の『朝日新聞』報道がこの問題に関する本格報道の端緒のように言われているが、それはあくまでも日本国内でのことであって、三月一日の独立運動記念日を前にした韓国での報道ぶりがたいへん高揚していて、日本国内だけ報道されないというのがあまりにも不自然な状態になっていたというのが私の見方だ。遅かれ早かれ外交問題化するのが必至とみられていた「つくる会」教科書について、たまたま飛び出した野呂田妄言のタイミングをとらえ、『朝日新聞』は二月二一日を「Xデー」に設定したのである。

いっぽう中国でも、昨年九月二七日に中国共産主義青年団の機関紙『中国青年報』に「つくる会」歴史教科書を批判した長文の記事が掲載された。これが『人民日報』や『新華社通信』のインターネット版にも転載され、各地の地方紙にも次々と「つくる会」歴史教科書の内容が報道されるようになっていた。だが、中国の場合は韓国の報道ほどではなく、その後はしばらく抑制された報道ぶりが目立っていた。

それでも中国共産党機関紙『人民日報』には、二〇〇〇年一二月の一カ月間だけでも六回も日本の歴史歪曲問題を扱った記事が掲載されるなど、関心は持続していたのである。このうち五回分の記事コピーが筆者の手元にあるが、その内容は日本での「つくる会」教科書批判派の市民集会などを短く報じたもので、『人民日報』記者による論評の形はとっていない。

▲…「文部大臣」閣下に敬礼！（韓国『朝鮮日報』に掲載された漫画）

ところが今年に入って、二月五日付の『人民日報』紙は、北京大学で開催された《日本教科書問題検討会》について、張祝基記者・劉暘記者の連名で「歴史の事実を抹殺することは許されない」と題した比較的長い報告を掲載した。日本の歴史教科書について北京大学でシンポジウムが開かれること自体が異例のことだが、その記録がわずか八面しかない『人民日報』紙で詳しく報道されたことに、中国政府のこの問題に対する並々ならぬ関心が読み取れる。この直後に私は北京駐在の日本人記者からの電話を受けているが、彼の報告は、「北京で日本の歴史教科書問題に対する関心が急速に高まっている」というものだった。

　したがって中国政府も野呂田発言には素早い反応を見せた。二月一九日、中国外務省の朱邦造報道官は、「（野呂田発言は）侵略に功績があったというデタラメな論調。日本の一部の人が歴史問題にどれほど無知であるか」と強い調子で非難した。さらに二月二二日には、中国政府が日本政府に対し、公式に「つくる会」教科書の不合格を要請してきた。日本政府は、「民間会社が作った教科書を政府が検定している」と、日本の教科書検定制度の仕組みを説明して政府としては検定に介入できないという説明をおこなったが、これでは中国政府は納得しなかった。二月二七日に海南島で開かれていたＡＢＦ設立総会に出席していた中曾根康弘元首相と懇談した江沢民中国国家主席が、「（今回の歴史歪曲問題は）日中友好を傷つける。格別のご配慮をお願いします」と語りかけたのである。

　さらに三月二日には、王毅外務次官が野本臨時大使を中国外交部に呼び、「（「つくる会」の教科書は）公然と皇国史観をのべ、侵略を美化している。教科書問題の本質は日本が《侵略の歴史》を正しく認識し、どう対処するかである。（この教科書は）ごく少数の右翼による（日中友好関係への）意図的な破壊であり、日中共同声明などの国際公約を履行し、この教科書を阻止するよう要請する」（要旨）と申し入れ、重ねて日本政府の責任による、「つくる会」教科書に対する明確な是正措置を求めた。

◆三一独立運動の記念日に

同じころ、韓国世論の高まりも頂点に達していた。二月二八日、韓国国会は「歴史歪曲是正を求める決議」を採択した。同じ日に行われた韓国の退役軍人やキリスト者による歴史歪曲に抗議するデモでは、日本大使館前に山積みされた日本製タバコ「マイルドセブン」に火を放ち、おびただしい紫煙をのぼらせて気勢をあげたのである。

翌三月一日は、一九一九年の三・一独立運動から八二周年にあたった。ソウルで行われた記念式典でスピーチに立った金大中大統領は、「日本が（一九九八年の日韓共同宣言の精神に立ち）正しい歴史認識を持つことを期待する」と、遠回しながら「つくる会」教科書への憂慮を伝えた。韓国政府としては、せっかく日韓共同宣言で歴史問題は区切りをつけ、従来は厳しく制限してきた日本の大衆文化の段階的開放や、二〇〇二年のワールドカップ韓日共同開催を実現しようとしている矢先に持ち込まれた日本による歴史歪曲という予想もしなかった事態に困惑していた。できれば日本との関係で波風をたてることは避け

40여 시민단체 日製 불매운동

초등교서도 抗日 특별수업

시민단체들이 일본의 역사왜곡 교과서 검정 승인과 관련, 9일 일본상품 불매운동에 나서는 등 파문이 확산하고 있다. 한국교원단체총연합은 이날 일선 학교에서 특별수업을 시작했다.

◇불매운동 선언=서울YMCA・한국부인회・한국청소년연맹 등 40여 사회・종교단체로 구성된 과소비추방 범국민운동본부(사무총장 朴[illegible])는 9일 서울 탑골공원 앞에서 규탄집회를 열고 일본상품 불매 캠페인에 들어간다고 선언했다.

운동본부는 성명에서 "왜곡 교과서 검정 통과는 한국과 태평양전쟁 피해국가들이 그동안 일본의 전범행위에 대한 진상규명을 소홀히 하고 일본에 저자세로 일관한 외교정책 때문"이라며 강력 대응의 필요성을 지적했다.

운동본부는 정부가 ▶주일대사 소환▶통상 압력▶문화교류 중단 등의 조치를 취하고, 유엔을 비롯한 국제사회를 통해 일본 전범행위의 진실을 밝히는 데 외교적 총력을 다하라고 촉구했다. 또 국민들에게 일본문화 거부운동・일본상품 불매운동에 적극 동참해줄 것을 호소했다.

▲…マイルドセブンを燃やして気勢をあげる韓国の市民グループ。

たかったというのが本音だ。李廷彬外交通商相の「教科書問題が日韓協力強化の妨げになってはいけない」という発言が本音のところだろう。

ところが政府のこのような穏和な態度に野党・マスコミ・世論は納得しなかった。李漢東首相主催の「教科書問題対策会議」が発足したのは、このような世論の突き上げに政府も対応せざるをえないところまで追い詰められたからだ。同じころ、日本大使館に向かった教師たちのデモでは、「歴史の歪曲を許すな」というシュプレヒコールが繰り返し叫ばれていた。

三月三日、韓国政府は日本政府が三月一六日開催の線で打診していた第三回日韓閣僚懇談会の当面延期を伝えてきた。このほかにも韓国高校生の来日交流が中止になるなど、日本の歴史歪曲問題は、官民を問わず、日韓のさまざまな交流に影を落としはじめている。

◆中国語版『台湾論』が投じた波紋

このころ台湾では、小林よしのり（中国語名：小林善紀）の漫画『台湾論』の中国語版（前衛出版社）が、台湾人慰安婦の存在を否定する主張をしていたため、当の元慰安婦や女性団体をはじめとする世論の憤激が高まっている。

とくに『台湾論』で小林よしのりに同調して台湾人慰安婦の存在を否定する発言をした許文龍奇美公司理事長は「媚日（日本に媚びる売国奴）」と非難され、許氏はしばらく身を隠さねばならなくなった。また、羅福全台北駐日代表部首席代表（大使に相当）が宴席で小林よしのりと一緒に日本軍歌をデュエットしたという話もやり玉に挙げられ、「許文龍を総統府顧問職から解任せよ！」「羅福全を更迭せよ！」と、陳水扁総統の周辺に多い旧李登輝人脈や民進党反主流の建国連盟系など、日本の右派人脈に通じる人々への風当たりが強まった。

二月二三日、張俊雄行政院長（首相に相当）は、「①（『台湾論』は）歴史的事実を歪曲しており、日本に引き続き謝罪を求める。②総統府にこの問題を適切に処理するよう申し入れる。③慰安婦問題について半年以内に政府の調査報告を発表する」という三項目の見解を発表し、事態の収拾をはかった。

しかし台湾市民の怒りはなかなかおさまらない。二月二五日には、元慰安婦たちと婦女救援基金会（支援グループ）が台北駅前にある台湾有数の大型書店前で、「『台湾論』を買わない」と宣言する署名運動を始めた。同会の林芳皓理事長は「①小林よしのりの『台湾論』は客観的事実をねじ曲げている。②慰安婦を『自ら望んだ』と説明したことに抗議する。③（台湾の）小学校教科書に慰安婦の歴史を記載させる。④（台湾に）慰安婦記念館を設立する運動を推進する」と語っている。

『台湾論』中国語版の反響が、はからずも台湾における日本植民地時代に関する歴史教科書の書きかえや、慰安婦の歴史を正視する博物館建設に向けた動きを強めるというきっかけとなったのである。

二月二六日、国民党機関紙『中央日報』は「慰安婦の歴史と真相」と題したパネル・ディスカッションを催し、国民党・親民党の国会議員や台湾人元慰安婦を支援してきた弁護士、さらに韓国から来た学者なども参加して、『台湾論』をめぐる多角的な討論が行われた。報告では慰安婦の存否のみならず、日本の植民地統治に対する歴史認識や、台湾社会の多様なエスニック・アイデンティティ、さらに慰安婦や少女売春問題など女性の人権問題についての活発な討論がおこなわれた。

ここでとくに注目されるのが韓国慶北大学から参加した劉順達博士（政治学）の発言だ。劉博士は、「『台湾論』は日本の「つくる会」教科書運動の一環であり、『台湾論』と同じ歴史認識でもし『韓国論』が著されるようなことになれば、韓国の世論は台湾人以上に激烈に怒るだろう。このような（歴史の）見方を断じて許してはならない」と語り、『台湾論』の著者である小林よしのり自身も執筆しているという「つくる会」歴史教科書をめぐる韓国内の雰囲気を紹介して、「つくる会」教科書運動と『台湾論』は連動していると指摘したのである。

二月二八日には、游錫堃総統府秘書長も「慰安婦の存在は歴史の悲劇」と公式に認め、三月二日になって台湾内政部は、「出入国および移民法」にもとづき小林よしのりを台湾入境禁止とする措置を決定した。簡太郎内政部次長は、「『台湾論』の主張や観点は慰安婦への人道的配慮に反し、（中華民国の）国家および民族の尊厳を傷つけた」とその理由を説明した。ただし「今後の小林よしのりの言動や表現を見てその解除を決める」とした。このため、三月八日にも予定されていた小林よしのりの訪台、『台湾論』出版記念行事への出席は不可能となった。

小林善紀：日本也有貧家女當慰安婦

承認「制度」確實存在　出書目的是為消除社會輕視　無法理解為何引起臺灣騷動

（中央社／東京訊）日本漫畫家小林善紀昨天接受中央社記者專訪時表示，他不否認慰安婦制度確實存在，但是問題在於是不是用「強制」的方式，他提出這點只是為了不希望看到慰安婦成為一些政治或運動的工具而已。

小林善紀表示，就他所知的資料中，並沒有日本政府用強制的方式召集慰安婦的證據。他認為，慰安婦大部分都是在當時的環境下，由於家境貧窮，很多少女被父母賣掉都不曉得，父母在賣掉兒女之前也不會說明理由，從連續劇「阿信」的女主角小時候被賣掉的遭遇就知道，不僅臺灣，當時日本也有很多這種現象。

小林表示，現在為慰安婦爭取賠償的人，都是高喊人權口號的人，但是仔細看這些人，都不是生在當時年代的人，對當時的情況並不了解，他個人也很同情慰安婦的遭遇，現在最重要的應該是消除社會對慰安婦的輕視，讓慰安婦過清靜的日子，而不是經常用慰安婦作為運動或政治的工具。

小林對於他的書在臺灣引起騷動感到不能理解，他認為以臺灣目前社會安定的狀況應該不會出現這種現象才對。至於書中許文龍與蔡焜燦的談話，他表示是由秘書在旁邊記錄，事後根據其語意（NUANCE）寫成的。他認為臺灣讀者沒必要對兩人在私人場合與朋友聊天的內容反應過度。他對許文龍和蔡焜燦感到抱歉，因為他並無意增添兩人的困擾。

至於寫「臺灣論」的動機，小林表示從歷史來看，日本需要感謝臺灣的地方很多，如戰敗後讓日人順利的從臺灣撤退等，可是他發現新一代現況相當不了解，許多日本人對臺灣搞不清楚。

小林強調，萬一中共真的攻擊臺灣，楚臺灣究竟是不是中國的一省，以為題的情況下，很難做出幫助臺灣的判臺灣的命運和西藏一樣。小林表示，我認同存在許多派別，但是如果要幫助，臺灣人不統一自己的國家的「定

許文龍隱身媒

（馬尚斌／南縣訊）因日本小林一漫畫而引發各界撻伐的奇美實業昨日傳出將前往南科奇美電子參加，引發大批媒體至該公司訪問許文電子表示，許文龍因另有要公，行程，對慰安婦事件也不回應。

奇美實業董事長許文龍昨日傳出科學園區的奇美電子公司參加員工而吸引大批媒體前往，並有意在以訪問許文龍對慰安婦事件的看法不過，奇美電子表示，董事長許公而取消原訂行程，對於慰安婦事概不予回應。

金美齡：臺灣論慰安婦 我也

盼大家以全盤觀點看待該書　肯定其價值

（中央社／東京訊）國策顧問金美齡昨天表示，關於「臺灣論」之中，指總統府資政許文龍形容慰安婦是「出人頭地」的事，當時她也在場，並沒有聽到許文龍用這個字眼，「臺灣論」畢竟是漫畫，小林只是把很長的談話內容用最簡短直接的方式表現出來，並非一字一句轉述。

金美齡昨天上午在東京自宅接受專訪時指出，對於許文龍與日本漫畫家小林在「臺灣論」一書中提到的慰安婦問題，她有一部分責任，她希望臺灣的讀者以全盤的觀點來看待這本書，不要斷章取義。

金美齡說，日本今年初前往臺灣的觀光客比去年增加六倍，相信小林的「臺灣論」有一部分的功勞。

她說，因為許多日本年輕人由於讀了小林的漫畫，對臺灣產生極大好感，在日本要找到這麼詳細介紹臺灣的書也相當少，若以綜合論來看的話，「臺灣論」對增進日臺關係相當有貢獻，大家應該肯定這本書，而不是「扯這本書的後腿。」

金美齡表示，許文龍曾和小林提到慰安婦，她有一部分責任，因為是她在場

▲…『台湾論』をきっかけに，台湾でも火がついた。

あわてた小林よしのり周辺では、三月四日に陳水扁訪日時の通訳もつとめたことがある金美齢総統府顧問を台北に派遣し、「小林よしのりは台湾のよき理解者です」「『台湾論』批判は、日本の左翼勢力を利するだけ」などと釈明につとめた。陳水扁総統が魏京生（国外追放中の中国民主活動家）との会見で、「民主化された台湾では、理念や考え方が違うからと言って、個人の行動や言論の自由を奪ってはならない。この原則は堅持する」と語ったのは、あくまでも一般論として言論の自由の重要性を話しただけなのだが、台湾・香港の新聞では「魏京生と陳水扁が『台湾論』を擁護した」と報じられている。のち小林よしのりは台湾入境禁止を解かれたが、今台湾を訪問すれば、手荒な歓迎をうけることは必

至だ。かわって最近では金美齢女史がさかんに台湾を訪問し、台湾ではそのたびにこれが大きくニュースになるという状況が続いている。

「つくる会」教科書に関して最も火がつきにくいと思われた台湾で、日本の歴史歪曲や慰安婦に関する関心を高め、世論を激しく揺さぶった最大の功労者はまぎれもなく小林よしのりその人であるといわねばならない。

◆森首相の最後っ屁

ところで、三月二日の衆議院予算委員会第四分科会で、田中甲議員（民主党＝当時）は扶桑社の社員が中学教員向けに白表紙本を送った際に添えた手紙の文面を示し、「扶桑社の社員自身が検定中の白表紙本を配っていたのが真相ではないのか？」と質した。答弁に立った町村信孝文相は答えに窮し、「（それが）真正のものなら調査します」と答弁するのがやっとであった。後日譚だが、この答弁をうけて資料を携えた市民運動関係者が町村文相を訪ねようとしたが、文相側はさまざまに理由をつけて、資料を受け取るのを拒んだという。

町村文相も森喜朗首相も、過去に国会答弁で「（検定中の）白表紙本流出はあってはならないこと。どうして流出したのか。誠に遺憾」（趣旨）などと答弁していたが、その震源地が扶桑社自身であったということで、とんでもない茶番になってきた。思えば、KSD疑惑の受託収賄容疑で国会議員を辞職し、今は獄中にいる村上正邦前議員や小山孝雄前議員も、自民党内において「つくる会」教科書づくりを積極的に推進してきた旗振り役だった。その村上前議員が主導して生まれたのが森喜朗内閣である。

子どもと教科書全国ネットの俵義文事務局長によると、当時の森改造内閣には、「つくる会」教科書を積極的に推進してきた右派議員を、文部科学省や外務省の副大臣や政務次官に登用し、人事面で「つくる会」教科書を合格させるシフトがしかれていたという。

その森喜朗首相が、各社の世論調査で支持率一ケタ台に低迷して史上最低記録を更新しつつも、その後もしばらく首相の座に踏みとどまった。したがってこの「つくる会」教科書の合格シフトは「死に体」といわれた内閣の中で確実にそのまま機能し続けた。まもなく発表された「つくる会」歴史・公民教科書の検定合格と、中国政府が強く反対し続けていた李登輝前台湾総統への入国ビザ発給という仕事は、森内閣末期に駆け込み的に行われた重要な仕事であった。これを見たある海外紙の駐東京特派員は、「森首相の最後っ屁は二発ともとても臭かった」と比喩して見せたのである。

2——［香港］アジアの「情報の交差点」から

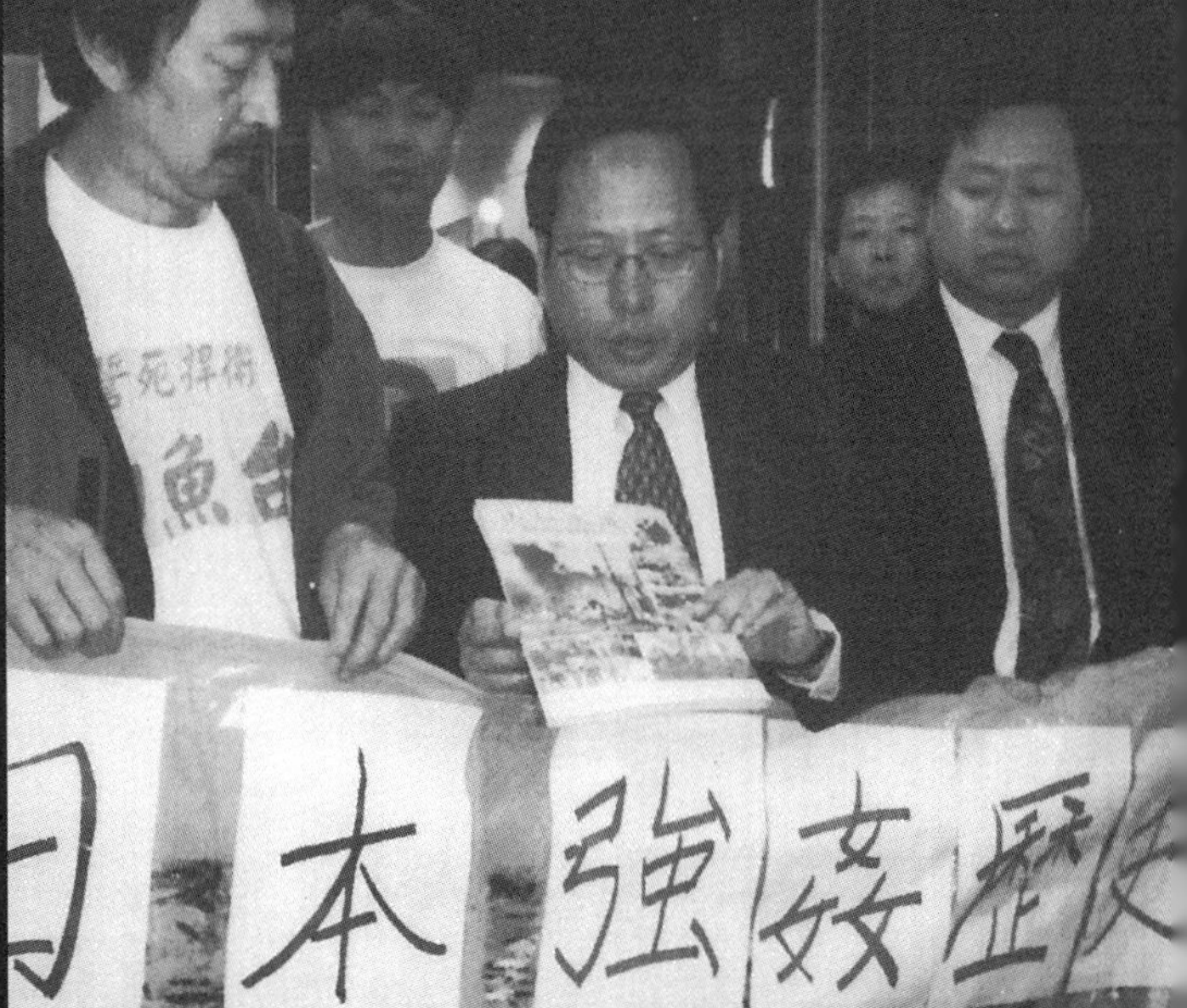

▲…駐香港日本総領事館に抗議に訪れた保釣行動委員会メンバー（2001年４月４日

五月二三日、香港の立法会（国会に相当）は民主建港連盟の曾鈺成主席が建議した「日本の文部科学省が、右翼団体が編纂した第二次世界大戦で隣国を侵略した真相を公然と改ざんした中学歴史教科書検定合格させたことを強く譴責し、日本政府は軍国主義を放棄し、戦争被害国とその人民に対して誠意ある謝罪と合理的な賠償を行え」という動議を全会一致で可決した。民主建港連盟（略称：民建連）は親中国派政党だが、この決議には民主党・前線・工盟などの民主派や、自由党などの財界派も呼応し、異例の全会一致での決議となった。

香港立法会は二〇〇〇年一月に民主党の何俊仁議員・司徒華議員が建議した「対日戦争賠償動議」をやはり全会一致で可決した前例もある。中国問題では認識を異にする親中派と民主派だが、対日問題では轡を揃えて「合作」し、議会全体を巻き込んで競い合うように対日非難の声をあげる構図となった。

この「日本の新教科書を非難する動議」の可決に、駐香港日本総領事館はただちに反応した。日本総領事館がプレスリリースしたコメントでは、『つくる会』教科書は民間会社の編纂した教科書で、日本政府の見解とは異なる。検定に合格した民間会社の教科書に日本政府は介入できない」という検定合格以来の日本政府見解が繰り返された。これが香港では、「さもありなん」と顰蹙と失笑をかっている。

◆小さな香港から日本を見る

二〇〇一年の三月下旬から四月上旬にかけての時期を私は香港で過ごしていた。「新しい歴史教科書をつくる会」（以下「つくる会」）の中学歴史・中学公民教科書検定合格の報に触れたのも香港である。香港に身を置いたのは、日本の歴史教科書問題をアジアの側から見る重要性を痛感していたからにほかならない。

ご存じのとおり、香港は「国家」ではない。しかも日本と比べるとはるかに小さい。中国南部、広東省の珠江デルタの東方に位置する香港特別行政区の面積は、新界や新空港があるランタウ島などの離島部をかき集めても、東京の区部と同じくらいという狭さだ。人口こそ祖国回帰後の社会増も加わり六八〇万人を擁するが、これとて神奈川県の人口にも及ばない。「つくる会」教科書の旗振り役をつとめる『産経新聞』が二〇〇万部を達成したというから、世帯数に勘案すれば、おそらく『産経新聞』の持つ世論形成力と同程度の規模の社会ということにもなろう。

それでも香港を定点観測の地点に選んだのは、私の長年のフィールドの地であるということに加えて、香港そのものの特性を重視したからだ。香港には人口にくらべて報道機関の数が多く、高級紙、大衆紙、左派系紙など多種多様の媒体が存在する。使われている言葉も、中国語紙だけでなく、英字紙もある。さらに九龍半島南端の尖沙咀《チムサーチョイ》の天星碼頭《スターピア》や海《オー》洋中心《シャンセンター》まで足を伸ばせば、『深圳特区報』『中国時報』『澳門日報』など、中国・台湾・マカオの新聞も手に入る。また『ザ・タイムズ』『インデペンデント』『インターナショナル・ヘラルド・トリビューン』『ル・モンド』『USAトゥディ』など、世界の主要紙が揃っている。

テレビ局も、広東語・英語の両局を備えるＴＶＢ（無線電視）・ＡＴＶ（亜州電視）の二局に加えて、二四時間ニュースを流し続ける有線新聞台や娯楽局の有線娯楽台をあわせもつ有線電視や、中国中央電視台のニュースなどの北京語ニュースを手掛ける鳳凰電視がある。これに加えて、スター・テレビや米国ＣＳＳ放送、さらに英国ＢＢＣ放送やＮＨＫの国際放送も見ることができる。さらにローカルの電話料金は何時間話しても基本料金のみという手軽さだから、香港は「インターネット天国」とも呼ばれている。パソコンの端末を通じて情報を得る場合にも、香港は絶好のロケーションといえる。

ちょうど私の滞在中に、海南島沖で米軍偵察機と中国戦闘機の接触・墜落事故があった。日本でも報道されていたようだが、香港での報道の質量は日本国内のそれに比較して数十倍のエネルギーが注がれていたように思われる。海南島の空港に一番乗りし、当局に身柄を拘束される前に米軍偵察機の画像を送信したのは香港の有線電視のクルーだった。のちに英国のＢＢＣがこの画像を世界に流したのだが、香港メディアはこうした機動力でもすぐれた資質を持っている。このような「情報の交差点」ともいうべき香港だからこそ、日本で報道されないこともはっきりと見える。これが私が香港で得てきた経験則でもあった。

◆先進的な土地柄

同時に香港社会は、中国の最先端をいく民衆運動の伝統も継承してきた。イギリス植民地時代から欧米の社会運動・労働運動思潮が入っており、中国革命の父、若き孫文の活動拠点の一つでもあった。一九二〇年代には省港ストライキなどの反英・反植民地の闘いが取り組まれ、一九三〇代以降はその矛先を侵略者である日本軍国主義に向けるようになった。日中戦争期には援蒋ルートの一つとして機能し、アジア太平洋戦争で日本の軍政下におかれた時にも、イギリス軍傘下のＢＡＡＧ（英国服務団）や、東江部隊の傘下にあった港九独立遊撃隊とよばれる抗日ゲリラが新界の山野や珠江デルタの島々を自由自在に徘徊していた。戦後も文化大革命の影響を受けた一九六七年の香港暴動では英国植民地統治に抗し、一九七〇年代初期の第一次保釣運動では、沖縄返還とともに米国から日本に施政権が移管される尖閣諸島（中国が領有権を主張している。中国名は「釣魚台」）の帰属問題について、かつての銃剣を札束にかえて再び香港に進出してきた日本企業に日本軍国主義の姿を重ねあわせ、華人社会に共通する強い対日警戒心を露わにしてみせたのである。

すでに一九六七年には、香港の人口センサスで香港生まれ、香港育ちの「土生土長世代」が過半数を超えるようになっていたが、その前年の一九六六年には前出の無線電視（TVB）が開局するなど、一九六〇年代半ばには広東語を母語とする「香港コミュニティ」が形成されはじめていた。このようにして形成された香港社会は、ときに祖国のありように対しても強い異を唱えている。一九八九年に北京でおこった六四天安門事件では、香港がやがて回帰すべき場所と運命づけられていた祖国でおこった事態に強い怒りと憤りを示し、この時の一〇〇万人抗議デモはその後の民主派の組織化にもつながったのである。

このように香港は、ある時は植民地支配者に、またある時は軍国主義者に、さらに回帰すべき祖国に対する複雑な思いを交錯させながら、時代や状況によって批判と抗議の対象を変えつつ、自らにおおいかぶさってくる「巨大な存在」に対して、果敢にも異を唱えるという強い反骨精神を発揮してきた。香港社会はこのような歴史的経験のなかで育っていったとも言える。

日本の教科書問題とて例外ではない。日本のアジア侵略をめぐる歴史教科書に対する文部省の検定内容が問題化した一九八二年の第一次教科書問題がおこった時も、香港では三万人規模の大きな抗議デモが起こった。私の前著『歴史教科書とナショナリズム』でも紹介した、在留邦人の娘として香港で生活していた小林章子さんは、「街のところどころに《日本製品非買》(中国語で「抵制日貨」)のポスターが貼られ、銅鑼灣にある松阪屋のショーウィンドウは割られ、店内には自家製の爆弾が仕掛けられ、数人が負傷するということがあった」と、まのあたりに見た香港市民の怒りを記録している(小林章子『日中戦争における香港――早稲田大学帰国子女予備教育課程における日本史授業と課題リポート集――』早稲田大学国際教育センター・一九九〇年)。

じつは祖国回帰後の香港で、小林章子さんがかつて目撃したようなリアクションがおこる可能性は急速にしぼみつつある。当時と比較し、香港における日本の大衆文化の浸透には大きなものがあり、街には日本の商品が溢れている。若い世代には、台湾の「哈日族《ハーリーズー》」にも似た日本の大衆文化に対する崇拝にも似た感情すらある。日本のモノや、日本から発信される情報が溢れる環境のなかで、かつてと同じように打てば響くような反日運動は起こりにくくなっていた。

今回の「つくる会」教科書検定合格という事態に直面して、香港の中学(中学と高校に相当)で教鞭をとる黄家樑先生は、教え子たちの歴史意識の欠如に深い危機感を覚え、その体験を香港第二位の人気を誇る『蘋果日報』に投稿している。

［資料］香港の若者に日本軍の凶暴な行為を認識させよう！

このほど日本の文部科学省は、侵略の史実を歪曲した中学歴史教科書を検定合格させ、右翼団体を助けて、日本軍国主義者が中国を侵略した犯罪行為を隠蔽した。香港でも激しい反発があり、複数の団体が（駐香港日本国総領事館に）抗議行動を行った。

その教科書は、侵略戦争を「大東亜戦争」と呼び、「七三一部隊」や「慰安婦」などの犯罪行為に触れないばかりか、三〇万人もの同胞が殺害された「南京大虐殺」を「南京事件」と記してその史実に疑問を投げかけ、中国侵略の犯罪行為の内容を薄めようと腐心している。

右翼分子がこのように中国侵略の事実をごまかしたり隠蔽したりしているため、日本の若者たちは第二次世界大戦における日本の犯罪行為を理解し、歴史を直視し、そこから教訓を学びとることがたいへん困難になってきている。

《日本製品を好む若者たち》

日本の大学生と知りあったというある友人によると、その日本人学生と話を交わしていくうち、この日本人学生があまりにも中国侵略の史実に無知で、中国人がなぜ今なお日本の侵略に心にとどめているのかが理解できないでいることを発見した。このような状況のなかで、もし歪曲した教科書が広く使われるような事態になれば、日本の国民は右翼分子の思うつぼとなり、おそるべき事態となろう。

日本はかつて一九八二年（いわゆる「侵略」「進出」問題＝第一次教科書攻撃）と一九八六年（高校教科書『新編日本史』問題＝第二次教科書攻撃）の二回にわたって、侵略の史実を改ざんしようとしたことがある。当時の香港では、怒りに燃えた数万人の市民が抗議デモに集まったものだった。ところが今の若者たちは、抗日戦争を遠い過去の出来事と考えており、日本右翼分子の悪行にもいたって無関心である。ある若者は「戦争のことは過去の恨みに過ぎない。いま日本に賠償や謝罪を求めることは、無用の混乱を引き起こすだけだ」と主張したのである。このような発言が出る背景を追究していくと、香港の若い世代もまた、中国の歴史に対する理解が不足していることに気がつく。

実際、香港の若い世代は八年にわたった抗日戦争（一九三七〜四五年の日中戦争）の史実をどれだけ知っているだろう？ 「九月一八日」や「一二月八日」、さらに「七月七日」がいったいなんの日だか知っているだろうか？ また「慰安婦」「南京大虐殺」「七三一部隊」などの歴史上の名辞をどれだけ正しく理解しているだろうか? 日本の大衆文化の深い影響のもとで過ごしてきた若者たちは、日本文化をこよなく愛し、日本漫画のキャラクターや日本のスターにうつつを抜かし、無数の日本製品に囲まれて生活している。反面、日本の中国侵略については中途半端な知識しか持ち合わせていないから、過去の戦争に話が及ぶと、わけがわからなくなってしまうのだろう。

私の生徒の中にも、日本文化を崇拝するあまり、中国史の授業で日本の侵略という歴史的事実を正しく受け止めることができず、「南京大虐殺は中国人が作り上げた虚構の物語ではないか?」と疑問を持つ生徒さえ出てき始めている。このことは教師の私をたいへん慌てさせ、深刻な反省を迫ったのである。

《中国史教育を重視しなければならない》

中国史教育が不足しているなか、香港の若い世代はあまりにも日本軍国主義に無頓着になっている。なぜ日本右翼の(歴史改ざんという)挙動に平然としていられるのか。そして逆になぜ日本の右翼分子を警戒しなければならないのか?

政治や社会一般に無関心な若者たちが多い現実のなか、驚くべきことに南京大虐殺の信頼性に疑問をなげかける中学生や、日本に賠償や謝罪を求めることを無用な混乱を引き起こすだけだと主張する若者までもが現れた。香港政府は中国史教育を重視し、若い世代にわが国の歴史を系統的かつ全面的に理解させるとともに、中国を侵略した日本軍の凶暴な行為や、私たち中国人が戦争で味わった塗炭の苦しみをあまねく知らせ、日本に戦時賠償を要求しているわが同胞たちの心情をよく理解させる必要がある。

(二〇〇一年四月九日『蘋果日報』・黄家樑先生の投書)

このような危機感あふれる香港の教師の投書にふれると、香港ではもはや大きな対日抗議運動がおこらないのではないかと受け止めるむきもあるかも知れない。だが、これは時と場合によるのかもしれない。

筆者の記憶に新しいのが、一九九六年におこった第二次保釣運動(第二次尖閣諸島防衛運動)だ。日本の民族派右翼団体「日本青年社」が尖閣諸島に灯台を建てたことに抗議して始められたのだが、現在の香港政治やマスコミの中軸を担う世代が、一九七一年の第一次保釣運動の時に学生活動家だったという事情もあり、香港の人々の反応は早かった。マカオ・台湾の活動家とも連携し、市民からカンパを集め、台湾漁船を大量にチャーターして船団を組み、基隆港から魚釣島への上陸を試みるという事態に発展したのだ。

魚釣島周辺では日本の海上保安庁の巡視艇やヘリコプターと、海戦さながらの放水・卵投げ合戦を演じた。いっときは数名の活動家が魚釣島に上陸して、中国の「五星紅旗」と台湾の「青天白日旗」をともに掲げたのである。この運動過程では、香港の活動家である陳毓祥が溺死するといういたましい事故もあり、香港で行われた陳毓祥の追悼集会には五万人の人々が集まり、夜遅くまで対日抗議のシュプレヒコールがこだました。

保釣運動の場合、日本が尖閣諸島を実効支配しているという現実を過去の日本軍国主義に重ねているという点で、歴史教科書問題との接点もある。だがそれだけではなく、香港における中国ナショナリズムや、香港民衆運動史における一九七〇年代初期の中文運動や第一次保釣運動など、草創期の香港学生運動の役割の説明抜きには理解しにくく、教科書問題とはいくぶん異質な要素がある。しかも祖国回帰の前年という、香港の人々にとって微妙な時期に、あえて香港と祖国中国との絆を《愛国運動》の形で確認しあうという通過儀礼的な要素もあったという見方さえ存在する。

いずれにせよ、日本から投げられた「つくる会」教科書検定合格という事態は、日本側に原因するとんでもない暴挙だ。過去に中国人世界の民衆運動の先頭をきっていた香港の人々が、こんどはどのようなリアクションを見せるかということも、私にとっては重大な関心事だった。

◆大々的に報じた香港各紙

ところで、「つくる会」歴史・公民教科書の検定合格というニュースは、その日の状況しだいでは四月四日の香港各紙のトップ・ニュースを占めるだけの値打ちがあった。それがそうならなかったのは、その直前に発した海南島沖における米軍偵察機と中国戦闘機の接触、墜落事件によるところが大きい。

香港各紙の四日付のトップ・ニュースは、まず香港特区政府が行った銀行改革にともなう口座管理料の新設に関するニュースであり、海南島で「生け捕り」にされた米軍偵察機のその後についての報道であった。「生け捕り」にされた偵察機の機体と搭乗員の身柄をめぐっては、中米両国が早い展開で駆け引きを演じていた。

このために日本の教科書検定結果に関する報道はつねにニュースの首位を飾ることはできなかった。それでもテレビ各社は四月三日の夕方から「つくる会」教科書合格の第一報を流し始めていたし、三日深夜の定時ニュースでは、TVB・ATV両局とも、AP通信が配信した日本の映像を流しながら、「日本で歴史歪曲教科書が合格した。日本国内にもアジアにも強い批判と反対がある」と詳しく報道していた。その位置は、トップ・ニュースから数えて三〜四番目ぐらいであったように思う。

四月四日の新聞各紙は、国際面トップで「つくる会」教科書の合格を報じた。この日の国際面の大部分は、「つくる会」教科書批判で埋め尽くされていた。

「日本の恥知らず——教科書の史実歪曲、アジア各国の排斥」（『新報』）、「日本で改ざん教科書が通過、中韓怒りに震う——第二次世界大戦の侵略を美化、韓国は大使を召還して抗議の可能性」（『明報』）、「日本で歴史改ざん教科書が検定通過——政府の立場を代表するものではないと狡猾な弁護」（『香港商報』）、「南京で大虐殺はなかった？」（『信報』）、「歴史の歪曲に南京各界から怒りと排斥——日本の歴史教科書改ざんは公然と軍国主義の魂を招くと指摘」（『文匯報』）、「日本の侵略美化教科書検定通過を中国非難——陳健大使、両国関係の健全な発展に悪影響と指摘」（『大公報』）など、見出しだけを見ても、香港の報道は日本国内の淡々とした事実報道と比べてセンセーショナルだ。

しかもこれらの報道は、スポーツ紙なみの大きな見出しに、日本軍の残虐行為を示す写真や、韓国・日本での反対デモのカラー写真、旭日旗などをふんだんに配置したカラフルなもので、香港各紙の報道の基調は、左派系紙・大衆紙を問わず、一様に日本政府や「つくる会」などの日本の右派勢力に対する厳しい非難の声で埋め尽くされていた。

香港での「つくる会」教科書報道はその後も続き、四月五日の各紙もおおむね国際面ト

▲…四月四日の香港紙には大見出しがおどった。

ップの扱いで、紙面の大部分を日本の教科書問題にあてていた。四月六日以降はしだいに社説や投書などの扱いに移行していくが、その後も左派系の『文匯報』や『大公報』などは比較的多くの紙面を割いて教科書問題にこだわり続ける姿勢を見せ、韓国・台湾などアジア各地の反響報道や、署名入りの論説や投書などの掲載を通じて日本の歴史教科書を厳しく指弾しつづけた。

四月六日の『文匯報』は「台湾メディアも日本の歴史教科書を侵略の歴史を美化するものと批判」と報じた。同紙の記事には台湾の国民党機関紙『中央日報』の社説や、『中華日報』『商工日報』などの報道を紹介しつつ、台湾でも「つくる会」の教科書に対する大きな非難の声が広がっていることを報じた。

このような台湾での動静を伝えたのは左派系紙だけではない。香港で最大部数を誇る大衆紙『東方日報』も、七日付の紙面で、伊藤博文が揮毫・建立したという台北市内の芝山岩公園にある《学務官僚遭難の碑》に、赤いスプレーで「侵略者は死」とか「殺」という落書きが書き込まれたというニュースを大々的に報じた。

また、四月七日の『大公報』では、韓国政府が日本の歴史教科書をめぐって特別対策チームを組織したというニュースを伝えた。その隣にはソウルで行われたデモで日の丸や「日本の教科書」と書かれたプラカードを燃やして抗議する韓国の人々のカラー写真が大きく掲げられている。さらに『大公報』紙では、四月五日〜六日の両日にわたって、「新しい歴史教科書をつくる会」に社長・会長などが賛同している日本の企業名を、「右翼団体のスポンサーとなっている日本企業」としてリスト化して報道している。

六日付の記事に一覧表として挙げられていた企業名には、三菱重工業・住友金属・朝日工業・日野自動車・東芝・富士通・住友電気工業・NTT・鹿島建設・清水建設・東芝建設・東京三菱銀行・住友銀行・広島銀行・さくら銀行・住友生命保険・日本団体生命保険・損保会館・三菱総研・日本文化研究会・文教堂・凸版印刷・味の素などの会社名が並び、その資料の典拠は「中国人民抗日戦争記念館編研部」となっていた。

『蘋果日報』と並んで香港の若い世代の人気を二分する『太陽報』には、海外新聞の社説をダイジェストで紹介するコーナーがある。その七日付紙面は、日本の歴史歪曲問題に対するアジア各国の論調を特集した。「日本右翼の戦争史観が、子孫に災いを及ぼす」というシンガポールの『聯合早報』社説や、「日本の歴史教科書改ざん再び」と伝えた台湾の『中央日報』。さらに中国の『チャイナ・デイリー』（英字紙）の社説など、アジア各地の歴史教科書をめぐる論調が一目でわかる内容となっていた。このように、香港における「つくる会」教科書をめぐる報道は、当初の国際面トップから扱いを徐々に小さくしていきつつも、その後も持続して伝えられており、アジア各地の反響・動向については、日本の国内紙よりはるかに息が長く、詳しい報道を続けている。
日本にいる方がはるかに事態を見えにくくしているというのが私の印象だ。

◆香港各界の動き

ところで香港は、一九九七年七月一日をもって、英国の植民地から中国に主権のある特別行政区となった。「高度な自治が許されている」とはいうものの、外交権・防衛権は中国政府に属している。したがって香港特別行政府政府が東京に置いているいくつかの部署の事務所も、あくまで経済交流や観光客招致のための広報などを業務とする機関で、政治的な意味合いでの外交に、香港特区政府は極めて禁欲的な態度をとり続けている。香港特区政府高官が日本の教科書問題について抗議を申し入れたり、意見を表明したりするという事態は、まず考えられない。

だが、このような「一国両制」が香港特別行政区政府そのものを規制したとしても、民間人の自由な意見表明を拘束するものではない。実際、香港の労働組合や市民グループは「つくる会」歴史教科書合格の報にふれ、すばやい反応を見せている。

尖閣諸島領有問題などでラジカルな対日抗議運動をすすめてきた保釣行動委員会（釣魚

▲…神洲青年服務社も日本領事館に抗議。（『東方日報』より）

台を防衛する行動グループ）は、四月四日昼過ぎに日本国総領事館にデモをかけた。総領事館のある中環《セントラル》の交易廣場（エクスチェンジ・スクエア）一号館三七階のエレベーターホールでは、抗議メンバーにマイクやカメラを向ける地元記者やカメラマンたちが群がり、保釣行動委員会のメンバーが「わたしたちは日本政府と右翼政客による政治的な教科書改ざんを強く譴責し、日本政府に第二次世界大戦の被害者への謝罪・補償と、中国の神聖な領土である釣魚台（尖閣諸島）の即時返還を強く求める」というアピールを読み上げ、対日抗議のシュプレヒコールを叫んで気勢をあげた。

　そして日本政府の首相に宛てた抗議書簡を領事館入り口のガラスのドアにセロテープで

貼り付けて、意気揚々と引きあげたのである。

同日、神洲青年服務社（ライオンズクラブに相当する）も日本国総領事館に抗議に訪れた。接受した領事を前に、メンバーは抗議文を読み上げ、これを領事に手渡して引き上げた。この時の抗議団のメンバーが持っていたプラカードのなかには、小林よしのり氏の『台湾論』を非難する文言が大書されていたものもあった。

〔資料〕**日本の歴史教科書改ざんに抗議する保釣行動委員会の声明**

保釣行動委員会（日本名：尖閣諸島を防衛するアクショングループ）は、日本の文部科学省が、右翼の編成した歴史を歪曲した教科書を検定合格させ、来年四月の新学期から（日本の中学校で）使用させることに強く抗議する。

日本政府と右翼政治家らは、この二〇年来止むことなく歴史改ざんを企み、若者たちに悪い歴史観を注入しようとしてきた。「侵略」を「進出」と言いくるめ、「南京大虐殺にはたいへん多くの疑問点があり、いまなお論争が続けられている」などと歪曲した。そして日本の戦争が「アジア諸国の独立を早めたこともまた事実」などと侵略を美化した。

このような事実を歪曲した歴史観は、ともすれば次代を担う（日本の）若い世代に多大な影響を与え、軍国主義への幻想を生む原因となる。戦後最も困難な状況にあるという日本経済の現状のなかで、こうした右翼政客たちの動きは、日本の若者たちを侵略戦争の隘路に容易に引きずり込みかねないのだ。

これは日本・アジア・世界の人々にとって決して良いことではない。私たち保釣行動委員会は日本政府と右翼政治家による政治的陰謀を糾弾するとともに、日本が第二次世界大戦の被害者に正式に謝罪し、賠償することを要求する。また、日本政府がわが国の神聖な領土である釣魚台を返還するよう、重ねて表明する。

二〇〇一年四月三日　保釣行動委員会

いっぽう香港の大部分の教師が加入している香港最大の教職員組合、香港教育専業人員協会（略称：教協／七万八〇〇〇人・民主派系）は、五日に「初級中学歴史教科書事件」と題した張文光主席（香港立法会議員を兼務）名の書簡を公表。これは日本教職員組合の委員長に宛てたもので、『つくる会』教科書の合格の報に触れ、大変憂慮している。このような右翼の教科書が教室で使われることのないように、組織をあげてとりくんでほしい」と要請する内容になっている。

［資料］　**初級中学歴史教科書事件**（書簡）

日本教職員組合委員長殿

　このほど日本の文部科学省が検定合格させた「新しい歴史教科書をつくる会」（以下「つくる会」）の歴史教科書は、中国侵略の史実を歪曲し、南京大虐殺など日本軍の侵略行為をつとめて薄めて記述することで、侵略加害の事実を美化している。私たちはすでに日本の首相に対し、強い怒りと抗議の意志を伝えてきました。

　私たちは、日本の政府自民党や文部科学省、そして右翼の「つくる会」が軍国主義思想を宣伝するのをやめさせ、次代を担う日本の若者に歴史の真相を隠しだてすることがないように希望しております。

　私たちは日本の人々、とりわけ良識ある教師たちが（「つくる会」の）教科書に同意していないことを知っております。しかしながら、日本の軍拡路線と右翼に加担してきた政府自民党の一連の行動から見て、日本が軍国主義思想を国民に深く浸透させることに踏み込んでいるのは明らかであり、これはたいへん危険な動きと言わねばなりません。

……日本は文明国家として（人権・民主主義などについて）国際社会と共通の価値を具

有していることと思います。したがって日本政府は歴史上の責任を誠実に引き受けるべきであり、日本政府は戦争被害国に謝罪し、被害者への賠償を進めるべきです。このような義務を果してこそ、日本ははじめて国際社会の中で軍国主義と訣別したと評価され、揺るぎない平和のなかに生きることができるのです。

私たちは日本の中学教科書が地方の教育委員会の採択権に委ねられている事情を知っております。従来教育委員会は、多くの教師たちの意見を聞いて教科書を採択してきました。ところが「つくる会」の右翼分子たちは、教科書採択の現場から教師たちを排除しようとしていると聞きます。

私どもは、昨年八月に「つくる会」と密接な関係のある自民党の小山孝雄議員が参議院の委員会で教科書採択権に関する質問を行い、大島理森文部大臣に教科書採択の現場から教師たちを排除し、教育委員会が責任を持って教科書を決定するように迫った事実を知っております。

謹んでお願いします。どうか私たち香港教育専業人員協会のメッセージをあなたがた日本教職員組合の全国の支部・分会にお伝えいただき、教師たちが手を携え（教科書採択という）教師の専業自主権を堅持していただきたい。次代を担う若者たちを軍国主義分子に委ねてはなりません。

日中二つの民族の若者が、歴史と誠実に向き合い真の相互信頼と友情をうち立てたとき、アジアは初めて永遠に揺るぎない平和と発展の時代を築くことができると私たちは確信しております。日港双方の教師が全力をあげて子供たちに歴史の事実をはっきりと見極められるよう意義ある教育実践を推進することで、私たちの努力はやがて報われると信じております。貴会のますますのご発展を謹んでお祈り申しあげます。

二〇〇一年四月五日　香港教育専業人員協会主席　張文光

また香港の知識層や学生によく読まれている『明報』紙には、教協の張文光主席が「日本の歴史改ざんは、『項荘の剣舞』（下心があることのたとえ）だ」という長文のコラムを寄せている。

〔資料〕**日本の歴史改ざんは、「項荘の剣舞」だ**

日本が歴史教科書を改ざんし、第二次世界大戦の侵略を美化することは、今回が初めてではなく、二〇年前から続けられてきたことである。日本の右翼勢力はこの二〇年間に不断に成長し、いまや軽視できない力となって、アジアと中国の安全を脅かしている。

《大東亜共栄圏を再建しようとしている》

中国人の怒りは当然だ。八年間にわたった抗日戦争は、多くの同胞に一家離散の悲劇を与えてきた。香港は「三年八カ月」(一九四一年一二月～一九四五年八月の日本軍政期間)であったとはいえ、やはり無数の同胞が日本軍によって蹂躙され、(軍票の強制などで)財産をすっかり失ってしまった。

一九八二年、日本は中国侵略について「侵略」を「進入」(原文ママ)と書きかえるという最初の教科書改ざんをおこなったとき、ビクトリア・パークでは三万人の集会が開かれた。香港の地に「松花江のほとり」(日中戦争期の抗日歌曲)の歌声がこだましたことを、私は今も思い出す。

その後も日本の右翼勢力は、中国侵略の歴史を改ざんするために長期にわたり攻防戦を展開してきたが、それは八年の抗日戦争よりはるかに長い。歴史改ざんはますますひどくなる一方である。中国「進入」から、南京大虐殺や慰安婦などの犯罪行為を否認するまでにいたった。表向きは日本の《自虐史観》を捨て去らなければならないとしているが、実のところは日本軍国主義を復活させ、再びあの《大東亜共栄圏》の夢想を繰り返そうとしているのである。

《長期の努力を、軽々とは捨て去れない》

ここで私たちは、日本の歴史改ざんという「公然たる陰謀」に注目するだけでなく、さらに日本右翼勢力の真の侵略の野心を見極める必要がある。右翼政治家たちは、靖国神社に参拝してA級戦犯である東条英機の名誉を回復させようと画策し、《日の丸》《君が代》を国旗・国歌に制定し、侵略の歴史を改ざんしようとする運動を続けているが、しかしこれらは、日本軍国主義復活の前奏曲に過ぎず、さらに大きな野心が未来に展望されているのである。そもそも日本人は深謀遠慮の民族である。過去の歴史を紐解けば、琉球を蚕食することから始まって、台湾を占領し中国を呑み込んだ。これすべて長期の苦心の積み重ねによるものであり、突然におこった偶発事件ではない。どうして中国を軽々と捨て去り、等閑に付すことができようか?

歴史の改ざんは、たんに過去の悪事を抹消するためだけでなく、新しい拡張のためでもある。一つのはっきりした事実を上げれば、げんに日本は中国の釣魚台を占領しているではないか。太平洋の風波の起こるにまかせ、日本は安定した島の上に国旗を立て、要塞を作り、日本の軍艦(＝海上保安庁の巡視艇のこと)が釣魚台の海域で日夜巡回哨戒している。しかし釣魚台の占領もひとつの橋頭堡に過ぎず、日本の右翼政治家の野心は、さらに台湾にある。日本の作家・小林善紀(よしのり)は、その新著『台湾論』で、赤裸々にその露骨な結論を下した。

「日本という島国に最も近い島国が今、生まれようとしている。民主化というものは必ず国民のアイデンティティーを回復させるものである。それは中華民国の台湾化に行き着かざるを得ないだろう。歴史的にも地理的にも人の情の面においても、日本に一番近い島台湾！　日本はもうこの国を無視できないところまで来ている」

《小林善紀の狙いは台湾独立を吹聴することにある》

この小林善紀は過去にも『戦争論』を書いており、「新しい歴史教科書をつくる会」の先鋒であり、また極右の東京市長（原文ママ）石原慎太郎の将でもある。東京は日本の心臓部であり、日本の民情の変化は東京の趨勢で占うことができる。日本の右翼政党の中国への野心は、いまだにその息の根を止めない。これら右翼政客の歴史改ざん運動は「項荘の剣舞、志は沛公（劉邦）にあり」（項荘が劉邦を殺そうとして彼の前で「剣の舞」を舞ったという故事）だ。志は台湾独立の鼓吹にあり、志は親密な太平洋台日同盟を鼓吹することにあり、というわけだ。

（二〇〇一年四月六日『明報』）

同じ頃、左派系の香港教育工作者聯会（略称：教聯会）も日本の歴史教科書改ざんを非難する声明を発表した。そしてこの教聯会の上部組織である工聯会も、少しおくれた四月一二日に日本総領事館に抗議デモをかけたのである。（四月一三日付『明報』）

いまの香港では、一九八二年の第一次教科書問題の時に見られたように、その問題が露顕するや、ビクトリア・パークで三万人規模の反日集会が集まるという情況にはない。その後の二〇年間の香港社会の変化のありようが、人々の生活をただちに左右する問題ではなくなった外交上の問題で、打てば響くように大衆運動に多くの人々が馳せ参じるという環境から遠ざけつつある。

前出の保釣行動委員会の指導者のひとり、何俊仁立法会議員（前民主党副主席）もこうした香港社会の風向きの変化をよく自覚している一人だ。日本の教科書問題をめぐる今後の取り組みについて、「少し時間がかかるが、あらゆる立場の人を糾合して日本の歴史改ざんに反対する超党派の聯会（ネットワーク）づくりを進めたい」「（過去の日本製品不買運動のような）反日運動にはしないつもりだ」と今後の抱負を語った。そして後に『明報』紙に「日本の教科書改ざんに直面し、我々はどう対処すべきか？」（四月一二日）という一文を寄せ、今回の歴史改ざん事件が、日本の政財界・右翼が一体となっておし進めている一連の右傾化プログラムの一環であるという見方を示した。

その文章のなかで、「日本経済が低迷し、国民が自信を喪失している情況をとらえて、日本の極右派勢力は、国家民族主義の旗幟を振興し、その影響力を高めようとしている。民間右翼と自民党は長年切っても切れない関係にあり、自民党はその政治目標を以下の三点に据えている」と指摘し、「①『国旗国歌法』を制定し、平和憲法を改正し、日本の軍事的実力を高める。②歴史教科書を改ざんし、教育を通じて国家主義思想を強化する。③靖国神社の国営化を推進し、靖国神社を国家指導者や官僚が戦争英雄を祀る場として公式参拝することを可能にする」の三点を挙げた。さらに日本政府が戦争問題を追及されるたびに持ち出す村山富市元首相の『村山談話』に触れ、「その実、これは村山首相が一九九五年に私人の身分で発言したこと」「げんに自民党は野党提出の『戦後補償法』をことごとく葬り去っている」と指摘している。

前出の①〜③は、小泉内閣の成立とともに公然と語られるようになったことばかりで、日本で進行している事態を、香港側がよく理解していることを示している。

また、「つくる会」歴史教科書をめぐる香港のリアクションのなかには、思いがけない人物の反応も含まれていた。日本でも芸能界や映画の世界、さらに食通としてもよく知られた、香港を代表するハーベスト映画会社の蔡瀾監督の意見である。蔡瀾監督は『蘋果日報』紙のコラムで、歴史を改ざんしたがる日本人の民族性を、「軍国主義者」「羊の群れ」

「穏和な人々」の三類型に分けて独特の説明を行い、「軍国主義者」に痛烈な批判を浴びせた。（四月九日付『蘋果日報』コラム）

［資料］改ざん

日本人はおおむね三類型に分けられる。一に「軍国主義者」、二に「羊の群れ」、三に「穏和な人々」である。

基本的に、見たところ仕事のできるタイプの人には、抑圧されているという暴力的な心理が強い。これは遺伝的な要因に基づくもので、教育や宗教で改善できるものではない。だから（敬虔な仏教徒である）タイ人のように、うやうやしく手を合わせて慇懃にあなたを訪ねてきたとしても、ひとたび野性が爆発すれば、ただちに「M16ライフル」をあなたに向けるということになる。

学校では、柔道部や空手部の学生が、多くが軍国主義の一党となっている。スポーツを好む人は、どこにでも行かない方がよろしい。

最も多くを占めるのは「羊の群れ」である。人がすることならなんでもし、主体性もなく、影響を受けやすい。恥ずべき人が多い。……本質的に彼らはとても悪いというわけではない。悪いのは彼らを引っ張って悪事をはたらかせる人物である。「穏和な人々」は教養もあり、世界を旅して見聞を広めており、善悪をわきまえ、正義感もある。このタイプの人々は日本には最も少ないのだが、幸いにして私の友人たちはみなこの類いの人物ばかりだ。これは私の運勢がよいのかもしれないし、彼らと出会えたということは、私の眼力が間違っていなかったからかもしれない。

軍国主義者は、善を欺き悪を恐れる。そして最も悪いものはアメリカ人だ。なんだかんだ言う日本人も、彼らの前では頭があがらない。アメリカの安保条約は日本において依然として実行されており、米軍基地は牢固として君臨している。

そのアメリカ人を除いては、日本人は天地に怖いものなし、この軍国主義者たちに謝罪させるためには、彼らをやっつけるしかない。とやかく言うだけでは問題は解決せず、彼らの教科書はいつまでも改ざんされ続けるだろう。

だが戦争でやっつけることはもはやできない。戦争というたいへん原始的な行為は、富を浪費し命を害するものだ。やるべきはただ経済戦である。戦後日本は米国に経済戦で反撃し、成功したことがある。だが最後にはやはり米国の「ユダヤ人数学家」の手の内に敗れた。

中国の日本への経済戦はすでに開始された。ニンニクと綿織物の輸出に始まり、電化製品へ、最後には自動車の輸出もできるかもしれない。そのときはじめて、彼らは敢えて教科書を改ざんできなくなるのだ。見ていたまえ。

（四月九日付『蘋果日報』／蔡瀾のコラム）

蔡瀾監督は一九九七年の香港返還の時には、NHK・BSテレビの香港返還特集に生出演し、出番待ちの時間にさんざんお酒を飲まされたため、本番では顔を真っ赤にして画面に登場し、香港の下町の食堂街をハシゴしながら「あれも美味しい」「これも美味しい」と流暢な日本語を話しながら好々爺ぶりを演じて見せた。一九九八年の円安のときに香港の人口の七パーセントが日本旅行を体験するという一大日本旅行ブームが勃興したが、このときは浴衣姿で登場し、温泉ギャルをおおぜい従えて日本各地の有名温泉旅館をめぐり、露天風呂や日本の美食を紹介する本『蔡瀾歓日本』（壹出版&飲食男女連合出版・一九九九年）を出版して大当たりした。私にはこのようなイメージが強烈に残っているため、先述のコラムにみられるような厳しい対日批判と、蔡瀾監督のイメージはどうしても像を結ばない。

仕事を通じて日本との結びつきが強く、対日関係では政治的発言にはおそらく無縁だとみられていた蔡瀾監督にして、今回の「つくる会」歴史教科書問題ではこれだけの発言をしているのだ。

日本が深刻な不況にあえいでいるように、アジア通貨危機に端を発した祖国回帰後の経済苦境のなかで、香港の人々も日々の生活問題に追われている。住宅政策、公務員改革、教育改革、医療改革、銀行改革など、回帰後の特区政府が矢継ぎ早に打ち出すさまざまな政策には、生活に直結し、利害関係が絡んだ風当たりの強いものが多い。ただでさえ生活が窮迫しているのに、香港からではなすすべのない日本との外交問題に力を注ぐ余裕など、ほとんどない状態といってよい。

このため本稿脱稿の時点までの香港では、歴史改ざん問題での大きなデモや集会が開かれていない。しかし「つくる会」の教科書が実際に採択されたり、小泉首相が靖国神社に参拝したりする事態ともなれば、香港の人々は黙ってはいまい。

蔡瀾監督のコラムにも見られるように、ある年齢以上の香港人にとっては、今回の「つくる会」教科書合格という事態は、それなりに感じるところのある問題なのだ。

◆香港の役割が変わりつつある

ところで、一九九七年の祖国回帰後、香港の中高校生用『中国歴史』の教科書が大きく変わり始めている。今までの教科書では阿片戦争程度しか登場しなかった香港と中国との

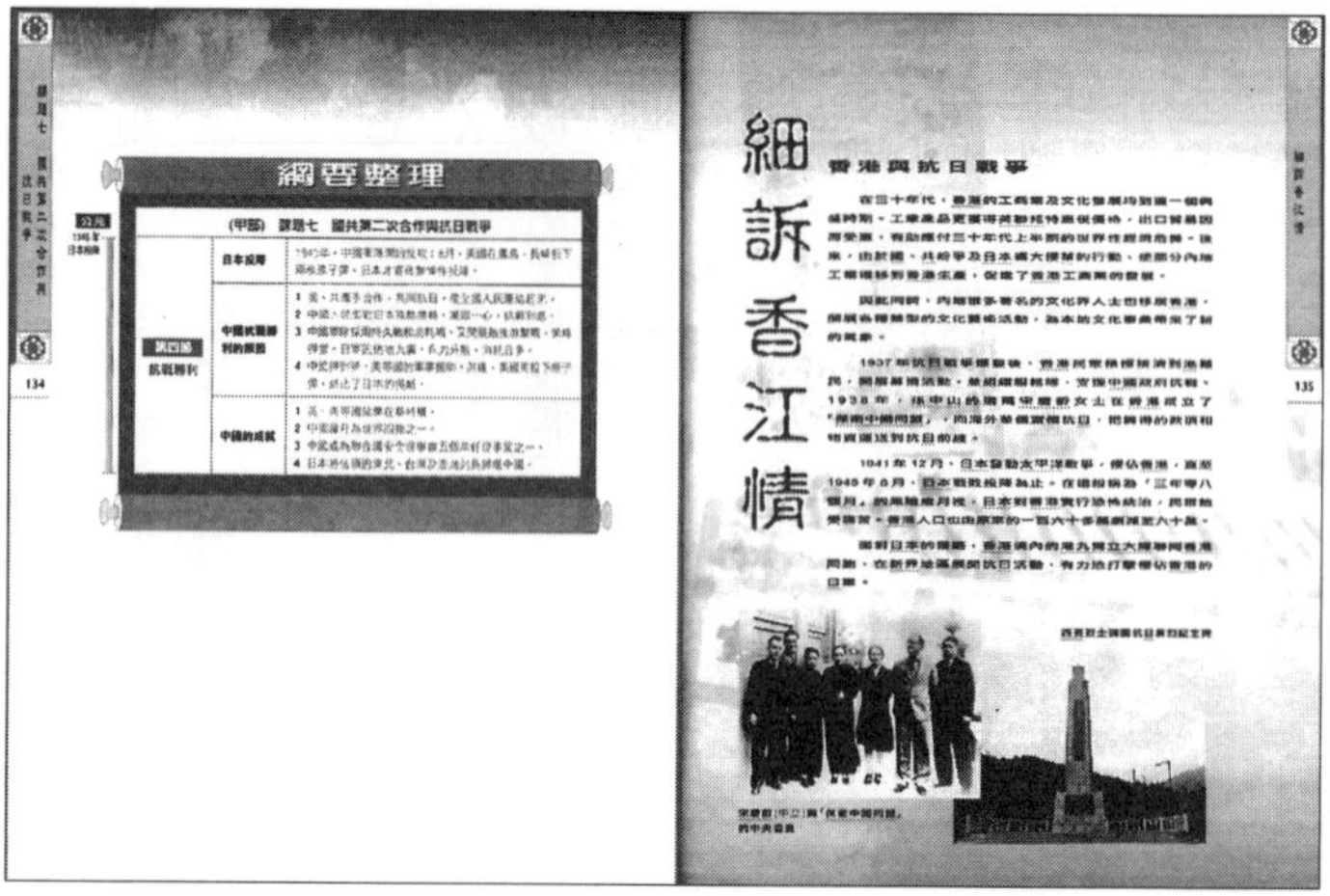

▲…香港の教科書には日本軍政期の記述が登場した。

歴史的な関係が、多くの機会をとらえて、詳しく紹介されるようになってきているのだ。

たとえば『互動中国歴史』（全五冊／文達出版香港有限公司）という中学生用の中国史教科書の場合、A4判並装のオール・カラー刷りで、一〜三巻にはCD-ROMが二枚ずつ添付されている。その一冊あたりの価格も、日本円に換算すると約二〇〇〇円とたいへん高価なものだ。教科書の無償化と引き換えに、文部科学省から教科書価格を低く押さえつけられて苦労している日本の教科書会社の関係者がこの内容を見れば、垂涎ものかもしれない。

この『互動中国歴史』の第三巻では、一八四〇年代の阿片戦争のほか、いままで香港の中国歴史教科書には記述がほとんど見られなかった一九二〇年代の省港ストライキ、一九四一年~四五年の日本軍政期（香港の日本占領時代）、一九九七年の香港祖国回帰など、香港史の主要トピックが各章の章末コラムに二ページずつ配当されている。写真から読図させる練習問題も付けられており、ヴィヴィットな印象を受ける。中国史のなかに位置づけられたという意味で、これを中国化といえばたしかに中国化なのだが、大陸の中国歴史の教科書にはカラー刷りや、CD-ROM付きのものはなく、中国の中学生からも羨ましがられるような内容になっている。このようにして、香港の置かれている位置づけも定まってきているのだ。

こうした香港の位置づけの変化が、祖国回帰後の香港の政治的・社会的役割をも少しずつ変えているといえるのかも知れない。二〇年前の第一次教科書問題の時とは異なり、時代はIT社会に急カーブを切っている。中国政府が「民間の対日抗議運動が起こったら、手が付けられなくなる」と、日本政府にその懸念を伝えてきたように、日本に歴史歪曲などの動きがあれば、いまや香港を経ずともリアルタイムで中国国内に伝えられる時代となった。今回の「つくる会」教科書の検定合格という事態に際して、韓国の市民運動のなかには、「日本の中央省庁に対するサイバー攻撃を敢行した」と公表したグループさえ現れている。

イギリス植民地時代から、人やモノ、そして情報が自由に流れ、人間ひとりひとりの精神的な自立を重んじる気風があった香港は、過去においては対日抗議運動などでも華人世界の先頭をきっていくという特別な役割があった。香港での抗議運動が激しさを増せば増すほど、中国人社会の「声なき声」を代弁しているという自負さえあったかも知れない。だが、その役割はいまは変わりつつあるようにも思える。

今後は香港が先頭を切るのではなく、中国大陸をはじめ、アジア・欧米にある他の華僑・華人社会の動静を見すえつつ、そのなかで香港なりの役割を演じていくという方向に変わっていくのではないか。そう思わせる旅でもあったのである。

＊香港では「つくる会」教科書検定合格の報に先行して、英国の『ザ・タイムズ』の報道をニュースソースに、近く公開される映画「ムルデカ」について、「日本の侵略戦争をアジア解放に貢献したと美化している」と強い非難の調子の報道を行っている。（三月三〇日付『蘋果日報』『東方日報』ほか）

その後、四月四日付の『大公報』にもこの映画に対する非難記事が掲載された。ここにその要旨を掲載する。

［資料］日本映画『ムルデカ』がアジア民衆の怒りを招く

英国の『ザ・タイムズ』が報じたところでは、最近日本の右翼分子が制作した『ムルデカ』という映画は、第二次世界大戦における日本の侵略行為を歪曲し、日本をアジアを解放した「英雄」としてまつりあげているという。『ムルデカ』とは、マレー語で「独立」の意味で、五月から日本各地の映画館で公開される見込みだ。この作品にはあらゆる虚偽をまじえ、日本が植民者オランダからインドネシアを解放するという筋立てである。

制作にあたった加瀬英明（正しくは『ムルデカ』製作委員会代表）は「インドネシアを舞台に、日本がアジアを解放する物語です」と語っているが、これは残虐な侵略者としての日本軍のイメージを払拭し、黒を白といいくるめるものだ。

この作品がひとたび上映されれば、あの戦争で多大な犠牲者を出したアジアの人々の顰蹙を招くことは必至だ。中国民衆の怒りを挑発して平然としているのだから、この映画の関係者はこの上なく恥知らずだと言わねばならない。

①映画の準備や作品の長さから見て、これは一朝一夕にできたものではない。期せずして日本のナショナリストたちが始めた歴史教科書改ざんとも符合している。彼らは

「教科書に残虐な場面を書くべきではない」と主張しており、日本軍を「欧米植民地支配からアジアを解放した義勇軍」と書いている。とくに注視すべきは、米国が日本の太平洋地域における軍事的役割の増大を求めている点だ。これは日本の憲法にも抵触するが、右翼分子にとっては年来の宿願であり、彼らは「家を守り、国を防衛する」という口実のもとに、日本を再び戦争発動できる国に作り変えようとしている。

②右翼分子がこの映画を制作した魂胆は明らかである。歴史の事実を改ざんし、日本軍の侵略・暴行を美化し、中国やアジア民衆の感情を傷つけ、隣国との善隣友好関係を破壊することだ。これは公理と正義に対する挑戦であり、事実を歪曲して歴史の流れに逆らう犯罪行為であり、平和を愛好する世界の人々にとって許しがたい暴挙だ。日本軍国主義が中国・アジア全域に対して行った残虐な犯罪行為には山ほどの証拠があることは世界が認めるところであり、血の歴史の抹殺は許されることではない。……右翼分子は歴史問題について侵略戦争という既定の評価を覆そうとしている。アジアの人々はこれを絶対に承服できない。

③中国から見て、歴史問題は両国関係の政治的基本だ。日本政府は過去に「中日共同声明」などで侵略の事実を認め、深く反省すると表明してきた。ところが映画「ムルデカ」は、歴史を歪曲し、日本軍国主義が発動した侵略戦争を認めず、中国やアジアに被

害を与えた責任を否定している。これは日本に右翼勢力が台頭していることの証左である。……日本政府がただちにこの映画の上映を中止させ、事態の悪化を阻止することを希望する。

日中両国がアジア太平洋地域の平和と発展の大局を適切に維持し、周辺地域との友好協力を強めることこそ、人類の幸福につながる。

（二〇〇一年四月四日・香港『大公報』コラム）

3―― [韓国]歪曲に対する激しい怒り

▲…衆議院議員会館前でハンスト中の金泳鎮議員。（2001年４月16日）

金泳鎮議員のハンガー・ストライキとの出会いはまったくの偶然であった。マスメディアでの扱いこそ小さかったが、韓国キリスト議員連盟の代表として日本を訪れていた金泳鎮議員の突然の行動は、日本の多くの人々に韓国社会の深い憤りを伝え、そのメッセージはキリスト者のインターネットなどを通じて世界中に発信されていた。その後も韓国の抗議活動は続いている。

金大中政権は五月八日になって、日本政府に外交ルートを通じて今回の教科書検定結果について『覚書』の形で三五項目の訂正要求を提示した。訂正要求とは別に、韓国政府は「つくる会」の教科書を貫く問題点を列挙しているが、その中で「つくる会」の考え方に人種主義の色彩が濃厚であると指摘しているのがたいへん印象的であった。

韓国では現在、数人の国会議員たちが原告となって、日本の裁判所で扶桑社を被告に訴訟を準備しているという。彼らの準備している訴状を読む機会があったが、日本の法廷になじむようにさらに検討を重ね、近く提訴の運びだという。

◆金泳鎮議員の深い憤り

四月一一日の夕ぐれ時、私は衆議院議員会館前の一角に大勢の人だかりができているのを見つけた。「いつもの陳情風景だろう」と思いつつ、通り過ぎようとしたところ、「日本の歴史歪曲反対！」と書かれたプラカードが見えた。そこであらためて足をとめた。

その人だかりの中央にはひとりの男性がいた。演説口調ではなく、マイクもスピーカーも使わず、男性は淡々と話し続けている。使われている言語は韓国語だ。隣にもうひとり、テノールのように声のきれいな人がいて、男性の話している韓国語を逐一日本語に通訳して、周囲の人々に伝えていた。

その話の内容から、男性が韓国の国会議員であることがわかった。その名は金泳鎮。与党新千年民主党の議員として、金大中大統領を支える立場にある。同時に韓国の超党派議員で構成する「韓国キリスト議員連盟」の中心人物でもある。

金議員は韓国キリスト議員連盟の「日本の歴史教科書歪曲に関する抗議文」を携えて、日本抗議訪問団韓国代表の李康斗議員（ハンナラ党）、元喆喜議員（自民連）、朴在旭議員（ハンナラ党）とを率いて、四月一〇日に来日したばかりだった。

［資料］ 日本の歴史教科書歪曲に関する抗議文

憂慮が現実となって現れた日本政府による歪曲された歴史教科書の検定通過に対して、心からの大きな憤怒と遺憾の思いを禁じ得ない。日本政府の措置は官民共同で作り上げた歴史歪曲の合同作品である。当初の内容と比べ部分的な改善はあるものの、これは周辺国の耳目を意識しての形式的な措置であり、依然として歴史的真実は歪曲されている。「侵略」を「大陸進出」と表記し、日本が太平洋戦争の被害者であるという点を浮き上がらせ、一方で軍隊慰安婦についての記述は削除している。

しかし歴史教科書を歪曲したからといって、過去に日本が残した帝国主義的行為を美化したり、消し去ったりすることはできない。日本政府のこうした措置には、軍事大国化による軍国主義を夢見る危険な意図があることを直視したい。また歪曲された教科書で歴史を学ぶ日本の次世代の歴史認識は危険なものになるよりほかない。

世界各国は冷戦を終息させ、新たな協力と競争の関係を築こうとしている。特に地理的に隣接した国家間の相互協力を通じて個別国家の利益を増進させるための多様な努力が繰り広げられている。日に日に貿易自由化が進展する中にあっても、ヨーロッパでは

EUへ、中南米ではNAFTAへと団結力が強まりつつある。

東北アジアにおける域内国家の結束力強化のために韓日両国が役割を増大させることは、これまでの間、過去の清算問題とイデオロギーの壁とに阻まれて進展させることができないできた。そうした中にあって、去る一九九八年一〇月に金大中大統領と小渕恵三首相が採択した韓日両国間の「パートナーシップ宣言」は、不幸な過去を清算して両国が協力を強化していく新たな出発の契機と認識された。

そうしたことだけでなく、両国のクリスチャン議員たちは韓日キリスト議員連盟を結成して、これまでに両国の和解と一致のための努力とともに、韓半島の平和と統一を祈願するPPP（釜山・板門店・平壌）十字架大行進を共同開催するなど、絶え間ない努力を繰り広げてきた。

しかし最近の日本の姿勢は、和解と一致に向かう人類の価値観に真っ向から挑戦を挑むものであり、歴史を後退させる行為である。現在の日本の姿勢は韓国を含む東北アジア周辺国、そして世界の全ての国家から非難を受けて当然である。

今、日本には軍国主義に対する復活の夢ではなく、過去の行為に対する痛烈な反省、そして歴史認識を正そうとする懺悔が必要である。我々は日本政府が韓日両国「パートナーシップ宣言」の精神に立ち返り、日本の教科書を修正することを要求する。懺悔と贖罪なくしては真の和解と協力を成し遂げることはできないからである。
共同の利益と善に向かう両国の関係は、過去を正しく清算し、国民的理解と信頼が形成されたときに構築されるのだということを強調しつつ、日本の姿勢を鋭意注視していきたい。

二〇〇一年四月一〇日
韓国キリスト議員連盟

日本抗議訪問団韓国代表　金泳鎭議員（民主党、国会朝餐祈祷会長）
李康斗議員（ハンナラ党、国会朝餐祈祷会諮問委員）
元喆喜議員（自民連、国会朝餐祈祷会総務）
朴在旭議員（ハンナラ党、国会朝餐祈祷会対外協力委員長）
国会統一外交通商委員長　朴明煥議員（ハンナラ党、国会朝餐祈祷会部会長）
国会朝餐祈祷会総務　朴世煥議員（ハンナラ党）
総務　千正培議員（民主党）

国際委員長　　黄祐呂議員（ハンナラ党）
諮問委員　　金敬天議員（民主党）
協働総務　　沈基燮（世界キリスト議員連盟事務総長）

韓国の議員たちは一〇日に衛藤征士郎外務副大臣に会って抗議文を渡したが、衛藤外務副大臣の返事は「民間次元の歴史教科書問題に政府が干渉することはできない」というものだった。そこで翌一一日にはあらためて河野洋平外相にも会って日本の歴史教科書に対する韓国側の深い憤りと憂慮を伝えたのだが、河野外相も韓国側の立場に理解を示しただけで、具体的には何らの譲歩も勝ち取れなかった。

日本政府当局のつれない対応を見て、抗議訪問団の議員たちは大変に落胆していた。とりわけ訪問団の座長をつとめる金泳鎭議員は、一〇日の晩、ホテルの床についてからもあれこれと思いがめぐり、一睡もできなかったという。日本の歴史歪曲に対する韓国の世論は大変に厳しいものがある。自分たちには代表として来日している責任がある。抗議文を日本政府に渡しただけで、このまま何の成果もあげずに両手を空しくして国に帰るわけにはいかない。……そんな思いが金泳鎭議員を追いつめていた。

◆突如として始められた断食抗議

金泳鎮議員のハンガー・ストライキ（断食抗議）は何の前触れもないまま、一一日の昼間に突如として始まった。韓日キリスト議員連盟の友人として、河野外相との面会にも尽力した民主党の土肥隆一議員によると、一緒に国会議事堂前を歩いていた時、金議員がいきなり、「私はここでしばらくお祈りをする」と宣言して、国会正門前で手を合わせて座り込んでしまったという。金泳鎮議員の礼拝は三時間以上にもおよび、「私たちが止めても受け入れられなかった」と振り返る。

やがて急を聞きつけて駆けつけた日本の教会関係者や教科書問題に取り組む市民運動関係者の間で、金泳鎮議員への支持と共感の輪が広がり、一緒に座り込む人々が出てきた。もっとも、国会議事堂を警備する警察も困惑した。ことは外交問題化している教科書問題だし、相手は韓国与党の国会議員だ。手荒な真似はできない。かといって議事堂正門前でこのまま金泳鎮議員の座り込み続けるのを認めるわけにはいかなかった。金泳鎮議員は警察に「ここで座り込むのは『道路交通法違反』ですから退去して下さい」と再三にわたって警告されたという。

四度目の警告に金泳鎮議員側が折れ、座り込みの場所は衆議院議員会館前に移された。それからも金泳鎮議員の抗議の座り込みは続き、六日後の四月一六日夕方まで行われたのである。この間、金泳鎮議員は水を摂取するだけで一切の食物を採らず、激励に訪れる学生・市民・国会議員・教会関係者らと共にこの場に座り込み、祈りつづけた。そして「つくる会」教科書の歴史歪曲に対する韓国民の憤りや、日韓関係のあるべき姿について語り続けたのである。

金泳鎮議員は言う。「私の父親は強制連行で日本に連れてこられ、その労働現場で両耳の聴力を失いました。子どもの頃から私はそのような父親を見て育ってきました。韓国にはこのような記憶をもっている人々がたくさんいるのです。一九九八年の日韓共同宣言でようやく両国民が和解と共生の道を歩みだしたというのに、『歴史歪曲の記述修正にすらまったく応じられない』という日本政府の頑なな対応を見て、私はこのままでは祖国の人々に顔向けできないと思いました。あれこれといろいろ考えあぐねた末、日本政府への抗議の意思をこめて、身を挺して国会議事堂前に座り込むことにしたのです」。

実際、金泳鎮議員はこの座り込みを始めたことで、祖国の人々に「売名行為」「スタンドプレー」などと中傷、揶揄されるのではないかということも大変気に病んでいた。座り込みを開始した日の夕方、議員会館前に集まった教会関係者に対して、金議員はきっぱりと「国会議事堂の正門前を通りかかった時、突然神の啓示があったのです。お祈りをし続けながら、自然とそのまま座り込むことになりました」と、その経緯を説明している。

議員会館前で座り込む思いがけない外国からの客人は、「つくる会」教科書に批判的な野党の議員や、議員会館に陳情などで訪れた各界の人々にも大きな反響を与えた。金泳鎭議員の激励に訪れる人々は断えることなく、まもなく支援者の手で訪問者用のノートが用意された。そのノートには、ひとことふたこと、あるいは長文のメッセージや連絡先を記帳して帰る人も少なくなかった。こうして、座り込みはついに六日目にさしかかった。

◆ついにドクター・ストップがかかる

人は水だけで生きるのは一週間が限度だといわれる。強い決意のもとでハンガー・ストライキ（断食抗議）を始めた金泳鎭議員だったが、その表情には疲労と憔悴のあとがありありと見えるようになった。四月一五日夜には、ついにドクター・ストップが宣告され、一六日午後三時をもって断食闘争の「打ち上げ」を宣言する集会が行われることになった。知人を介してこれを知った私も、あわてて衆議院議員会館前に駆けつけた一人である。

議員会館前にはすでに一〇〇名近い人だかりができていた。交通警官がこれを遠巻きに

▲…議員会館前には多くの支援者がかけつけた。

取り囲んでいる。金泳鎮議員と共に座りこんでいる人々のなかには、教会関係者や大学生・アジアからの留学生の姿も見える。また、顔見知りの国会議員の姿もあった。取り囲む支援者の人だかりのなかには、一般市民のほか、韓国のＫＢＳ放送や文化放送のテレビクルーや、中国人記者の姿も見えた。（『留学生新聞』五月一日号参照）

私が到着した時には、すでに集会が始まっていた。各地の教会関係者が金泳鎮議員への賛辞や感謝の言葉を次々と述べている真っ最中だ。続いて金泳鎮議員と座り込みを共にしたアジア各国からの留学生や国会議員も次々とそれぞれの思いを語り、最後に金泳鎮議員が集まった人々に感謝の言葉を述べる順番が回ってきた。

金泳鎮議員の顔は、最初にお目にかかった時とは別人のように日焼けして、てかてかと黒光りしていた。しかも六日間に及ぶハンストでの体力消耗に加え、連日国会議事堂周辺の自動車の排気ガスを吸いつづけて喉を傷めていたため、その声は大変に弱々しく、聞き取りにくいものになっていた。Ｙシャツの第一ボタンは外され、ネクタイも取り去られている。疲労の色は隠せない。

金泳鎮議員は「日本の歴史教科書歪曲事態抗議への断食闘争を終えて」という、支援者に口述筆記させておいた急ごしらえの声明文を発表した。そのなかで金議員は、「私の断食闘争の中断は終わりを意味するのではなく、（韓国）国内で意を同じくする教会指導者の方々と信徒の方々とともに行う持続的な展開の始まり」と宣言した。実際、金議員の断食闘争に触発されて、日本国内においても東京・名古屋・大阪・沖縄の四カ所で「歴史教科書歪曲中断を要求するハンスト」が始められていた。

日本国内の新聞報道こそ小さな扱いだったが、金議員の行動は報道や教会関係者のネットワークを通じて海外にも伝えられ、確実に内外の人々を動かしていた。

［資料］日本の歴史教科書歪曲事態抗議への断食祈祷を終えて

我が国民の「血に染められた憤怒と恨み」を日本人に直接伝えようと、去る一一日から日本の衆議院の前で行ってきた断食抗議闘争をここに終えます。

民主党最高委員会の決議と、昼夜の急激な寒暖差による健康悪化を憂慮した全ての方々、日本国内四カ所で歴史教科書歪曲に反対する抗議断食祈祷の火を絶やさないことを決議した日本キリスト教協議会、ＹＭＣＡ、ＹＷＣＡ、日本市民団体などの強い勧めによって、私は断食闘争を中断しますが、私の断食闘争の中断は終わりを意味するのではなく、国内で意を同じくする教界指導者の方々と信徒の方々とともに行う持続的な展開のはじまりであります。

去る一〇日、日本の歴史教科書歪曲の再修正を要求するために国会朝餐祈祷会に所属する三名の議員とともに訪日、衆議院議員土肥隆一外務委員長と外務省の衛藤征士郎副大臣に会い、再修正を要求したが、衛藤副大臣は「民間次元の歴史教科書問題に政府が干渉することはできない」と述べた。そこで、軍国主義復活を夢見る日本政府の陰謀を国際社会に知らせ、日本の覚醒を促すために、受難週を迎えるに当たって非暴力的、平和的方法により冷たいアスファルトの上で主の苦難を思いつつ、断食祈祷を行うことにしました。

断食祈祷の過程において、健康を気遣ってくださった金大中大統領とイ・マンソプ国会議長、キム・ジュンゴン代表をはじめとする教界の多くの指導者と信徒の方々に深く感謝いたします。特に全教界を代表して日本を直接訪問してくださった韓国キリスト教会協議会議長キム・ジョンシク牧師、韓国キリスト教総連合会長イ・マンシン牧師に心からの感謝を申しあげます。毎日心に留めてともに祈ってくださった衆議院議員土肥隆一外務委員長、六日間ともに祈ってくださった日本キリスト教協議会（ＮＣＣＪ）の牧師の方々、市民団体、学界、在日同胞の皆さん、そして祈りの現場を訪れて跪き、「新しい二一世紀を迎えよう」と涙を流してくださった市民お一人お一人に感謝を申し上げます。特に、土井たか子社民党党首（元衆議院議長）、松岡利勝前農水産委員長など、五〇余名の衆参両院議員が現場へ激励に訪れてくださり、ともに「日本歴史教科書歪曲」問題について討論したことを深く心に刻みたいと思います。

私の断食闘争に続いて、日本東京、名古屋、大阪、沖縄など四カ所で「歴史教科書歪曲中断を要求するハンスト」を展開し始めた、日本国内の教界、市民たちに後を任せ、私はこの怒りの現場を離れます。短い期間ではありましたが、私の断食祈祷期間中、ともに祈ってくださったすべての方々の深い理解と激励に、心からの感謝を捧げ、今後も日本において神の権威に挑戦しようとしている「反歴史的な軍国主義復活の企てと歴史教科書歪曲」に決して屈しないことを固く誓いたいと思います。

二〇〇一年四月一六日　一七：〇〇
日本衆議院前において
国会朝餐祈祷会長・国会議員　金泳鎮

◆韓国政府、日本政府に歴史教科書の記述修正を要求

五月八日、韓国政府の韓昇洙外交通商相は同省に寺田輝介駐韓大使を呼び、このたび日本の教科書検定を合格した八社の教科書すべてについて「歴史が歪曲されている」と指摘し、『修正要求資料』を寺田大使に手渡し、合計三五カ所の記述修正を正式に要求した。四月三日に「つくる会」教科書の検定合格が明らかになって以来、韓国政府は学者らによるプロジェクトチームを発足させ、徹夜仕事も含めた一カ月にわたる作業を通じて、検定合格した八種類の日本の新課程中学歴史教科書を検討してきた。その結果が今回の修正要求であり、手渡された『修正要求資料』で指摘された三五カ所のうち、二五カ所が「つくる会」歴史教科書『中学歴史』（扶桑社）に対する記述修正要求であった。

ここであらためて、「つくる会」教科書について指摘された内容を見ていこう。

古代史では、『日本書紀』だけにある「任那」をあたかも実在したかのように叙述していたことに批判が集中している。たとえば「大和朝廷は海を渡って朝鮮に出兵した。……任那（加羅）という地に拠点を築いたと考えられる」という記述に対し、「任那日本府は韓日の五〇余年間の研究の結果、認められない説」と指摘した。また、「高句麗は、百済の漢城を攻め落とし、半島南部を席捲した。しかし、百済と任那を地盤とした日本軍の抵抗にあって、征服は果たせなかった」という記述に対しても、「（日本軍の韓半島での）常設的な駐屯を前提にしており、（学問的に）明白な誤り」と指摘した。

さらに「五七〇年以降になると、東アジア一帯に、それまでの諸国の動きからは考えられない新しい事態が生じた。高句麗が突然、大和朝廷に接近し、引き続いて、新羅と百済が日本に朝貢した」とする叙述も、「『日本書紀』だけを根拠にした記述」で「韓国と中国の史書にはない内容」として退けた。

中世の倭寇については、「日本人のほかに朝鮮人も多く含まれていた」とか「大部分は中国人」などと叙述されているが、これは「『倭寇＝日本人』という既存の歴史認識を払拭させるため倭寇に（意図的に）朝鮮人と中国人を含めて記述」したと批判している。

また、「李成桂が一四世紀末に高麗を倒し、李氏朝鮮を建国した」という記述も、「『朝鮮』という国号の代わりに、日帝強占期（一九一〇～一九四五年の日本植民地時代、韓国では「日帝時代」の呼称が使われている）に（日本側の手で）使用された不適切な用語である『李氏朝鮮』を使用」していると問題にした。

一六世紀末の壬辰倭乱（文禄の役）については、「（豊臣）秀吉は、さらに中国の明を征服し、天皇も自分もそこに住んで、東アジアからインドまでも支配しようという巨大な夢に取りつかれ、一五九二年、一五万の大軍を朝鮮に送った」という記述についても、「壬辰倭乱の原因を明の征服、秀吉の個人的妄想とだけ記述」したと、その矮小化を指摘している。

これら前近代史を貫く問題点として、「つくる会」教科書では伝統的な東アジア秩序として「冊封体制」の説明が試みられているが、その説明の仕方に問題があり、「朝鮮やベトナムはすっぽりとその（中華秩序の）内部におさまって、中国の歴代王朝に服属」していたと記述しているが、「当時、冊封と朝貢は儀礼的な外交形態に過ぎず、中国（の王朝）が朝鮮の内政に干渉したことは殆どなかった」とその叙述の歪みを指摘している。

さらに、「昔から中華秩序の外にいた日本は……自由に行動できた」という書き方は、「日本が昔から自主独立国のように記述しているが、（その実、日本自体が）一七世紀まで中華秩序の中に存在した事実は（あえて）記述していない」と、「つくる会」教科書の著者らが、都合の悪い事実を隠蔽していることを指摘している。

そして「中国・朝鮮両国は文官が支配する国家だったので、列強の脅威に対し、十分な対応ができなかったという考えもある」という叙述は、「論理的な根拠なしで武家社会である日本が文官社会である朝鮮（や中国）よりも優越するという先入観を注入する表現」として、「日本の対外膨張・侵略をごまかす」ものと批判した。

朝鮮に開国を強いる引き金となった江華島事件は、「つくる会」教科書では「日本軍艦が朝鮮の江華島で測量する等、示威行為を行ったために朝鮮の軍隊と交戦した事件」と説明されているが、これにも「（日本側が）朝鮮の発砲を誘導した計画的な軍事作戦であったという事実など、挑発の主体・目的・経緯等を隠蔽」していると指摘している。

白表紙本で「朝鮮半島は日本に絶えず突きつけられている凶器となりかねない位置関係」と表現されて問題となっていた朝鮮半島凶器観についても、検定合格本では「日本に向けて大陸から片腕が突出」などと書き改められたものの、「朝鮮半島が日本に敵対的な国家の支配下に入れば、日本を攻撃する絶好の基地になる」としており、「朝鮮半島脅威説を強調し、日本防衛の名目で韓国侵略・支配を合理化するという論理」だと批判し、「日清戦争ならびに日露戦争を自衛戦争として合理化」していると問題視した。

日清戦争の引き金となった甲午農民運動については、「東学の乱（甲午農民戦争）と呼ばれる農民暴動がおこった。東学党は西洋のキリスト教（西学）に反対する宗教（東学）

"침략 정당화… 皇國史觀 교묘히 유지"

日교과서 검정통과

긴급좌담

◇李萬烈 숙명여대 교수

◇李基東 동국대 교수

왜곡교과서 반발 확산

40여 시민단체 日製 불매운동

초등교서도 抗日 특별수업

"日帝 위안부 책

유엔 조사·처벌해

유엔인권위 보고서

駐日대사 곧 소환

韓외교, 日대사에 '교과서 왜곡' 유감 전달

日 문부상 "오류 없는한 재수정 불가능"

정부는 4일 일본 문부과학성의 검정을 통과한 역사교과서 문제와 관련, 최상룡(崔相龍) 주일(駐日)대사를 소환키로 하는 등 강력히 대응하기로 했다. 또, 교과서 문제를 한·일간의 다른 외교문제와 연계해서 다루지 않는다는 원칙을 정했다.

▶관련기사 3·12면

이 같은 사실은 본사가 입수한 이날 관계부처 대책회의 자료에서 밝혀졌다.

자료에 따르면, 정부는 '일본 … 유감의 뜻을 강력히 표시하되, 다른 한·일 외교 사안과는 연계하지 않도록 한다'는 방침을 정했다.

대사 소환은 양국간 외교적 현안에 대해 심각한 항의의 뜻을 상대국에 표명하는 외교 행위다.

정부는 또 최 주일대사에게 우선 일본 정부 고위급 인사를 조속히 만나 유감을 표명하도록 지시했다.

한승수(韓昇洙) 외교부 장관은 이날 오후 데라다 데루스케(寺田輝介) 주한 일본대사를 외교부로 불러 "역사교과서 검정 과정에서 상당…

▲…韓国紙は連日批判記事を掲載した。

を信仰する集団だった」という一文があるが、「(甲午農民運動の) 反封建・反外勢運動 (としての本質) を、『東学の乱』や『暴動』と (矮小に) 表現したのは不適切であり、農民運動を宗教集団運動と認定したのは誤解の余地がある」と、子供たちに誤った認識を与える危険性を鋭く指摘している。当時の日本軍の朝鮮派兵も、「甲申事変後の清との申しあわせ (一八八五年の天津条約をさす) に従い、軍隊を派遣し、日清両軍が衝突して日清戦争がはじまった」と記述しているが、これは「日本が日清戦争を誘発する目的で計画的に派兵した事実を隠蔽し、清兵派兵に対する単純な対応措置であるように叙述」していると指摘した。

日露戦争前の情勢についても、「ロシアは満州の兵力を増強し、朝鮮北部に軍事基地を建設し」とあるが、ここで「伐木場を軍事基地と偽って解釈」していると事実誤認を鋭く指摘した。また開戦の理由について、「このまま黙視すれば、ロシアの極東における軍事力は日本がとうてい、太刀打ちできないほど増強されるのは明らかだった。政府は手遅れになるのをおそれて、ロシアとの戦争を始める決意を固めた」としているが、「日本が先に始めた戦争を、ロシアの武力が朝鮮半島を掌握し日本の安全が脅かされたことで勃発したと記述」していることを問題にしている。

また日露戦争の結果について、「韓国 (朝鮮) の支配権を取得し……有色人種国日本が、当時、世界最大の陸軍大国だった白人帝国ロシアに勝ったことは、世界中の抑圧された民族に、独立への限りない希望を与えた」と記述したことについて、「満州と朝鮮半島の支配権確保という戦争の目的を隠蔽し、『人種間戦争』に美化」していると指摘したうえで、「韓国の支配権を認められ、抑圧を受けた民族には独立の希望を与えたと（いうのは）矛盾した記述」と批判した。

日本植民地下の朝鮮についても、検定合格本で新たに「鉄道・灌漑の施設を整えるなどの開発を行い」と書き加えられたが、これは「植民地近代化論、植民地受恵論の観点から『開発』がまるで朝鮮住民のためのように歪曲」したものだと指摘し、「収奪や支配目的の隠蔽」をおこなっていると批判している。

同じく検定合格本で新たに書き加えられた叙述に、関東大震災における朝鮮人虐殺事件があげられる。「つくる会」教科書では「朝鮮人及び社会主義者間で不穏な動きがあったとの噂が広まり、住民の自警団等が社会主義者や朝鮮人・中国人を殺害する事件が起きた」と記した。だが、これは朝鮮人虐殺事件との関わりで「官憲（軍警）による殺害事件を隠蔽（している）」と同事件に関わる日本当局（軍・警察）の権力犯罪の要素を意図的に隠蔽していることを問題にした。

アジア太平洋戦争関連では、検定合格本においても依然として「軍隊慰安婦」への言及がなかったことをとくに問題視し、記述修正要求のなかで、「日本軍によりほしいままにされた過酷な行為の象徴である軍隊慰安婦問題を故意に脱落させ、残酷な行為の実態を隠蔽」していると指摘した。そして「国連人権委員会で報告されたクマラスワミ報告やマクドーガル報告でも、軍隊慰安婦を反人倫的戦争犯罪行為として糾弾している」「日本政府も一九九三年八月に軍隊慰安婦に関連して、『(河野洋平)官房長官談話』で、日本軍が慰安所を設置し、その運営に直接・間接的に関与したことと、その募集・移送・管理が甘言・強圧等により、相対的に本人らの意思に反して行われたことを認定」していると、鋭く指摘している。

◆歴史認識に根本的問題

このように、韓国政府の記述修正要求は詳細にわたっており、内容の精選、切り口にも周到な配慮が見られる。一朝一夕に作成されたものではないことは明らかだ。ここに紹介したのもその一部であって、全体ではない。

また、韓国政府の記述修正要求書には、個別の修正要求項目とは別に『扶桑社歴史教科書の歴史認識の問題』と題した一文が添付されている。指摘された九項目を、その文言をつないで要約すると、以下のようになる。
①（古代史で学問的には成立しえない）いわゆる『任那日本府説』に基づいている。
②（朝貢・従属・服属国・属国・宗主権などの用語を頻繁に用い）日本の歴史を美化するために、韓国の歴史を歪め貶めている。
③日本軍による軍隊慰安婦の強制動員事実を故意に欠落し、太平洋戦争当時の人倫に悍る残虐行為の実態を隠蔽した。
④（壬辰倭乱・江華島事件・韓国強制併合など）両国の間で発生した事件の責任の所在を曖昧にしている。
⑤（日本が侵略戦争の過程で行った蛮行や植民地支配で他国に与えた被害は叙述しないか、縮小して書くことで）日本が韓国など他国に及ぼした被害を縮小または隠蔽した。
⑥（日本が朝鮮で恩恵を施したかのように叙述し）植民地支配に関する反省がない。
⑦（伽耶国との平和な交易や朝鮮通信使など）日本が隣国と平和に交流協力してきた事実を軽んじた。
⑧（韓国侵略のための日露戦争を、日本が黄色人種を代表して白人種と戦ったように叙述し、西洋の白人人種と東洋の黄色人種の対立を煽った）人種主義の観点が色濃い。
⑨（韓国における歴史研究の成果はもとより、日本における歴史研究の成果もきちんと

受け入れておらず、日本にとって否定的な内容の研究成果はほとんど無視している。よってこの教科書は事実の叙述と解釈において、客観性を欠いており）学術研究の成果が充分に反映されていない。

［資料］　**韓国政府による修正要求資料（抄）**

Ｉ　序

１　国際化時代の教科書を見る視点

学生たちに世界の中で生きていく国民としての資質を育ませるためには歴史が基本教科であることは言うまでもない。とりわけ国家間・民族間の壁が突き崩され、国際的な相互理解と友好協力がますます重要になっている今日、歴史教育の役割はいっそう重くなっている。

歴史教育は学生たちに、歴史資料を収集・分析・解釈させ、問題を解決するためにこれを用い、その結果についてほかの学生と話し合う方法を教えるものである。その上、歴史教育は資料を批判し推論する術を教え、人間の行動や事件との因果関係を探る術を養うので、学生の思考力と判断能力の向上に大いに役立つと言える。

学生は歴史教育を通じて事実と証拠を尊重する習慣と人間行為の多様性を認識する機会が与えられる。これを基に学生たちは先入観や偏見を排し、歴史事実をあるがままに受け止める態度、極端なことは受け入れず合理的に考える態度、自分と違う社会や文化を尊重する態度、他人の意見を尊重する態度等を身につけられる。

以上の客観的で開かれた態度こそ今日のグローバル化時代を生きる私たちに求められる心構えである。したがって、歴史教育の基本教材である歴史教科書がこれらの能力を培う内容でなければならないことは、すべての国にとって共通の命題であると言える。

2　検討の理由と目的——扶桑社の歴史教科書を中心に——

韓国と日本は長年にわたって歴史的に深く関わり、今後もいっそう緊密な協力体制を維持していかなければならない隣国である。よって歴史に関する正しい認識は両国間の善隣友好関係を考える基本である。しかし、最近文部科学省の検定を通過した日本中学校歴史教科書のうち一部はこの面においてまことに憂慮される。

日本は一九八二年の〝歴史教科書歪曲〟を機に、〝近隣アジア諸国に関する近現代の歴史的な事実には国際理解と国際協調の見地からの必要な配慮をする〟という条項を教科書の検定規定に付け加えた。そして一九九五年の村山首相談話で〝植民地支配と侵略によって多くの国々、特にアジア諸国の人々に多大な損害と苦痛を与え〟、これについて〝痛切な反省の意を表し心からのお詫びの気持ちを表明する〟とし、一九九八年の金大中大統領と小渕首相の「二一世紀の新たな韓日パートナーシップ共同宣言」では、日本の植民地支配に対する反省と謝罪を前提に〝両国国民、特に若い世代が歴史への認識を深めることが重要であることについて見解を共有する〟と発表した。ところが一部の教科書には日本の韓国強制占領や植民地支配などに関する叙述において上の規定や宣言の趣旨から著しくかけ離れた内容がある。

またこれらの教科書は「国際理解、協力、平和のための教育と人権、基本自由に関する教育勧告」(一九七四)、「あらゆる形の人種差別撤廃に関する国際協約」(一九六五)、「青少年の平和理念および国民間の相互尊重と理解の増進に関する宣言」(一九六五)、「平和、人権、民主主義教育に関する宣言および統合実践体系」(一九九五)などに表れているユネスコなど国際機関の精神にも反するものである。

そのうえ、日本の歴史を美化するために韓国の歴史を貶めたり、日本の侵略戦争と植民地支配に対する責任から逃れようとしたり転嫁したりしようとする内容が、現行の教科書よりはるかに多くなっている。日本の優越性を強調するために韓国の歴史を否定的に叙述することは客観的な歴史記述とは言えない。

最近文部科学省の検定を通った日本中学校の歴史教科書のうち一部は人類の平和共存や韓国との友好親善を損なう内容が含まれている。歴史の教育を通して青少年たちに民主主義、人権の擁護、人命の尊重など人類普遍の価値を教え、隣国との友好関係をますます深めようという意識を育むことが望ましい。それにもかかわらず今回の検定に合格した一部の中学校歴史教科書には「近隣諸国配慮条項」などがきちんと反映されていないため、これらの教科書の韓国関連内容の誤りと歪曲は必ず是正されなければならない。

3　検討方法と範囲

（1）検討方法

韓国に関連する内容の検討は国際化時代の歴史教科書を見る視点に立って、次の三つの範疇で行われた。

第一に、事実と記述の誤りがあるか
第二に、解釈と説明に歪曲があるか
第三に、内容に縮小や欠落があるか

韓国関連の内容を検討するに際して次の事柄を考慮した。

第一に、新たに検定を申請した教科書の検討は、既存の中学校歴史教科書（七種）の普遍的な内容と水準に準拠した。

第二に、日本の中学校歴史教科書は日本の中学生に日本の歴史を教えるために作成されたということに留意した。

第三に、検定意見を記すにあたっては韓国と日本で行われた歴史学界の学問的な研究成果を充分に反映した。

（2）検討の範囲

韓国に関連する内容を重点的に分析したが、関連のある中国やその他の国に関連する内容についても検討した。

教科書の本文ばかりでなく写真・地図・挿し絵の説明も検討した。

Ⅱ　扶桑社歴史教科書の歴史認識の問題（略、本文参照）

Ⅲ　韓国関連叙述についての修正要求意見（同）

◆のぞまれる誠実な対応

読者のなかには、これを「内政干渉だ!」と反発する向きもあるかもしれない。だが、原始・古代から隣国として相互に多大な交流があり近代においては日本に三六年間にわたって植民地統治された韓国には、たとえ日本の教科書であっても自国にかかわる部分について、誤りを指摘し、修正させる権利がある。実際、開き直りだけでは日韓両国関係はおろか、日本とアジア諸国民との関係に大きな支障をきたすであろう。この点について韓国政府は『日本の歴史教科書歪曲に対する是正要求』の資料に添付されたプレスリリース用の文書のなかで、あえてこの点に言及して、「わが政府はこのように日本政府側に修正を要求するにあたり、日本の歴史教育に干渉する意図がないということをあらためて明らかにしておきたい」と述べている。そして、「わが政府が修正を要求することは、教科書の歴史歪曲が、わが国民の胸の中に秘めていた心の傷を刺激し、韓日友好関係の基本前提を毀損するだけでなく、この地域の情勢に望ましくない影響を与えると憂慮されるためである」と説明している。

そして、今後の韓国政府の取り組みとして、「歴史教科書歪曲是正のために両国レベルの努力と並行し、国際舞台を通じて多角的で粘り強い外交努力を傾け」「両国の歴史学者の交流や、歴史歪曲是正および、韓国を正しく知らせる事業などを担当する政府内の常設機構の設置、国史教育の強化などの方策を講じていく」とその決意を明らかにした。

［資料］韓国政府のプレスリリース〈日本歴史教科書歪曲に対する是正要求〉

1、韓昇洙外交通商部長官は、四月三日外交通商部スポークスマン声明や四月四日駐韓日本大使召致などを通じ、日本政府の中学校歴史教科書検定結果に対して強い遺憾の意を表明したことに引き続き、五月八日（火）寺田輝介駐韓日本大使を再度召致し、日本政府に対する修正要求資料を備忘録の形式で伝達した。

2、この修正要求資料は、その間歴史学者で構成された分析チームによる精密分析、国史編纂委員会の評価、そして歴史専門家で構成された諮問議員団の検討などを経て確定したものである。このような一連の過程において教科書記述上の多くの問題点が提起されたが、修正要求の対象としてはできるだけ客観的で明確な間違い、隠蔽、歪曲、縮小の部分に限定した。その結果、〝扶桑社〟教科書二五項目、既存の七種の教科書一〇項目など、あわせて三五項目に対して修正を要求することになった。

3、韓昇洙長官は修正要求資料を伝達する際に、今回検定に通過した一部の教科書の記述内容が、①「二一世紀にむけた新たな韓日パートナーシップ共同宣言」(九八・一〇)などの韓日間の合意事項、②「日本内閣総理大臣談話」(九五・八)および「歴史教科書に関する文部大臣談話」(八二・一一)など日本が自ら表明した国際的約束、③ユネスコの「平和、人権、民主主義教育に関する宣言および統合実践体系」(九五・九)など国際社会が公表した歴史教科書に関する基本立場に反するものであると指摘した。また、韓長官はこのような国際的約束や合意の基本精神に基づき、日本政府が早急に積極的かつ誠意のある是正措置を取ると同時に、このような歴史歪曲問題が再発しないよう根本的な対策を講ずることを促した。

4、我が政府はこのように日本政府側に修正を要求するにあたり、日本の歴史教育に干渉する意図がないということを改めて明らかにしておきたい。我が政府が修正を要求するということは、教科書の歴史歪曲が、我が国民が胸に秘めていた心の傷を刺激し、韓日友好関係の基本前提を毀損するだけでなく、この地域の情勢にも望ましくない影響を与えると憂慮されるためである。

5、我が政府は、正しい歴史認識が韓日両国の友好協力関係の根幹であるとの立場のもとで、今後とも歴史教科書歪曲是正のために両国レベルの努力と並行し、国際舞台を通じても多角的で粘り強い外交努力を傾けていく方針である。
6、また、我が政府はこのような歴史歪曲問題の再発を根本的に防止し、ひいては我々の歴史を国際的に正しく知らせるための中長期対策も立てていく方針であり、その一環として両国の歴史学者の交流や〝歴史歪曲是正および韓国を正しく知らせる事業〟などを担当する政府内の常設機構の設置、国史教育の教科などの方策を講じていく方針である。

報道されているところでは、日本政府の文部科学省は「明白な事実の誤り以外、検定合格後の教科書の記述修正は制度上できない」と説明しているという。だが、検定合格後の教科書であっても、出版社側が自主的に訂正する方法や、文部科学大臣の記述修正勧告に沿って、教科書会社が記述修正に応じるという可能性まで否定したわけではない。

焦点の「つくる会」教科書の版元である扶桑社も、「事実に間違いがない限り修正の考えはない」としつつも、「文部科学省の対応を見守りたい」としており、記述修正の道が完全に閉ざされたわけではない。

また、政治的圧力などさまざまな背景があり、二〇〇二年版の教科書から慰安婦・七三一部隊・三光作戦などの記述を割愛してしまった他の七社の教科書についても、このような事態にいたり、数社が自主的にこれらの記述を復活させることを検討し始めているという。

小泉純一郎首相は、韓国政府の記述修正要求に「(記述の)修正はできない」としつつも、「韓国の言い分を誠実に受け止め、将来どういう対応ができるか、前向きに考える必要がある。歴史学者、専門家を介してよりよい方向に持っていこうと前から申し上げている」と記者団に語った。さらに今後の見通しについて、文部科学省幹部は「韓国の学者らが一カ月かけて意見を出して来たのだから、こちらの検討もそのくらい(時間が)かかるだろう」と見通しを述べたという。

韓国政府が投じた一石に対する対応は、日韓関係のみならず、中国政府の動向や、過去の日本の侵略戦争で戦場となったアジア諸国の動向にも大きな影響を与える。すでに北朝鮮(朝鮮民主主義人民共和国)は五月七日に教育省スポークスマンが「(検定に合格した日本の歴史教科書が)あまりにも厳然な歴史的事実までも歪曲して若い世代に注入しようとする日本当局のごう慢で破廉恥な行為に驚いた。歪曲された教科書を検定で合格させた当事者が日本の文部科学省であるということから、歪曲の責任が日本当局にあることを決して否定できない。日本当局は歪曲された歴史教科書を直ちに是正するための決定的な措置をとると同時に、国際社会に対し歪曲された教科書を検定で合格させたことを謝罪するべき」という談話を発表しているし、台湾やベトナム、香港、シンガポールでも、「つくる会」教科書に対する非難の声があがってきている。

その意味で、日本政府が「韓国政府の記述修正要求の中身を謙虚に読ませていただく」としたことは評価できる。何よりも日本側の誠実な対応が望まれるのである。

◆「つくる会」教科書、ついに法廷へ……

五月一二日に東京大学でおこなわれた日台共同シンポジウム「小林よしのり『台湾論』を超えて」（東アジア文史哲ネットワーク主催）で発言した姜尚中東京大学教授は、「つくる会」の教科書にあえて言及して、「これはナチスドイツの戦争犯罪を追及してきたドイツや、ヨーロッパ的な基準から見れば、明らかに犯罪行為」と指摘した。植民地支配、戦争動員、資源収奪などを通じて過去にさんざん痛めつけてきた隣国に対して、その行為を今なお正当化し、その自民党のホンネの歴史認識に立った教科書を腹話術的に民間（＝つくる会）に作らせ、これを検定で合格させること自体が、「犯罪行為」だというのだ。

実際、五月一〇日には来日していた韓国の咸承煕議員（新千年民主党）・金元雄議員（ハンナラ党）ら四人の与野党議員が、「つくる会」の歴史教科書を出版・販売することを禁止するよう求めて、東京地裁に仮処分申請を行なった。

申請書で議員らは「日本の韓半島侵略当時、韓国内で激しい抵抗があったにもかかわらず、問題の教科書はこれを記述するどころか、むしろ植民支配を正当化・美化した点は、韓国国民に深い侮辱を感じさせている」とその理由を説明している。咸承煕議員らは、この仮処分申請とは別に、扶桑社はもとより、東京書籍、大阪書籍、教育出版、帝国書院、日本文教出版、日本書籍、清水書院の既存七社に対しても、「韓国人民を相手どり、精神的被害を与えた」として損害賠償請求訴訟を準備しているという。

日本で検定結果が報道された四月三日夕方以降、韓国メディアは競い合うように「つくる会」教科書の検定合格を非難し、韓国政府に対して日本へのより強い対応を求める論調を維持している。最後にその一部を以下に紹介する。鈍感なのは日本人の側なのである。

[資料] **韓国紙の社説から**

日本に対する「柔軟」か、それとも「屈辱」か(『朝鮮日報』二〇〇一年四月六日付)

(韓国政府の歴史教科書歪曲問題に対する)消極的な態度には、もどかしさを超えた憤りを覚える。中国政府がその是正を強く要求し、台湾やベトナム、北韓（北朝鮮）も「時代錯誤的な行為」と抗議しているにもかかわらず、韓国だけが「遺憾」の意を表明することですませようとする政府の方針は、まったく理解できるものではない。

　日本政府が黙認した歴史教科書歪曲は「深い懸念」ですむ問題でも、政権レベルで解決できる問題ではありえない。被害国である韓国にとって、国民感情にかかわる、国家間の重大な外交的な争点なのだ。国のアイデンティティと国民のプライドに関わる大きな問題について「強硬に抗議」するとか「大使を召還」させるという積極的対応を避け、「友好関係を損なわない範囲」で解決しようという政府の消極的な対応は、九八年一〇月の金大中大統領と故小渕前首相の共同宣言である「韓日パートナーシップ」の観点からしても、大きな誤まりである。金大統領は、日本の「謝罪と反省」を真摯に受け止め、「政府レベルで、過去の歴史に区切りをつける」と述べていた。約束が守られれば、両国の善隣関係や交流にとってまたとない宣言である。しかし不幸なことに、日本政府の歪曲歴史教科書の検定合格によって、約束は破られたのである。……韓国政府が日本の大衆文化を開放し、日王（天皇）の訪韓を推進するなど、和解ムードに酔っていたとき、日本政府は皇国史観の信奉者である「新しい歴史教科書をつくる会」によるナショナリズム教科書を、自民党と右翼の支援をうけて承認した。……金大中政権は、歴史に汚点を残さぬよう、日本の歴史教科書歪曲に対して断固たる対応をとるべきである。

日本の歴史教科書——妥協してはならない（『東亜日報』二〇〇一年四月一三日付）

韓国政府と国会による「日本の歴史教科書歪曲」に対する、強い批判と再修正要請にもかかわらず、日本側に要求を受け入れる姿勢はみられない。それどころか、自民党総裁選に立った橋本龍太郎氏を筆頭とする四人全員が「（検定合格した）教科書に何の問題もない。日本は従来の姿勢を維持するべき」と異口同音である。問題の教科書の執筆者の一人の坂本多加雄教授は、「従軍慰安婦を歴史教科書に記述するのは、便所の構造に関する歴史を書くようなものだ」との暴言で、反日感情に火を付けた。

韓国の与野党国会議員が、この一二日に町村信孝文部科学相、河野洋平外相と会談した。席上、両大臣は再修正の意思のないことを表明した。……日本政府の論理は民間の教科書に対して政府は中立で、政治的介入はできないというものだ。だが検定制度がないならまだしも、文部科学省の主導で教科書検定がなされているというのに、政府が歪曲された内容に関する責任を、回避できるというのか。さらに従来の記述より、右翼の主張に合わせて検定基準を下げて、その歪曲を誘導したのは日本政府ではないのか。韓国と中国の抗議に対して、内政干渉だという反応もある。だが……日本の植民地支配や侵略戦争の被害を受けた当事者という立場で、誤った記述を是正すべきことを求めることが、果たして内政干渉なのか。

……遅ればせながら韓国政府が、あらゆる手段を講じて教科書の再修正を求める姿勢に出たのは喜ぶべきことである。韓国政府は、「やむをえず」わずかな語句の修正を日本がすることで、是正されたと受け入れるべきではない。本質的内容が是正されるまで、どのような妥協もするべきではない。

急がれる国史教育の強化（韓国『朝鮮日報』社説／二〇〇一年五月六日付）

政府は、日本の歴史教科書歪曲問題を契機に、司法試験や国家公務員採用試験などの国家試験の科目に国史を再登場させる案を検討することにした。……

日本が、韓国や中国など近隣諸国の強い反発を押し切り、自国の侵略の歴史を美化・歪曲して次世代に教えようとするのは、まず日本国民・日本民族としてのプライドを植え付けようとする意図の誤った表出ということができる。……誰が何と言おうと、日本は復古的ナショナリズムに基づく歴史教育を通じてグローバル化時代を突破しようとする戦略に固執しているのだ。

しかし韓国はどうか。「民主化」以降、「維新体制の残滓」として、政府は先頭に立って国史教育をないがしろにしてきた。朴正煕元大統領の維新体制下、国史は必須科目に採択されただけでなく、教科書にも維新体制を合理化し賛美する内容が含まれているというのがその理由だ。……日本が三六年間、韓国を植民地として従わせ、あらゆる蛮行に知らぬ顔をしてすましていることは耐え難い侮辱だが、二〇余年間、日本の歴史歪曲に神経をとがらしていながら、自分自身を反省することをおこたったことは恥ずべきことである。

4——「中国・華人世界」「記憶」をめぐる乖離

▲…特攻機を思わせるオブジェのあるシンガポールの歴史博物館（2001年6月3日

「つくる会」は機関紙『史』のなかで、「中華文明からの離脱」などという表現を繰り返し、『新しい歴史教科書』（扶桑社）でも、中華思想に言及した箇所がある。「つくる会」の考え方の基調には、古代から現代にいたるまでことさらに中国をひきあいに出した記述が多く、強い反中国意識が感じられる。『新しい公民教科書』（扶桑社）のカラー・グラビアにいたっては、尖閣諸島（中国名：釣魚台）に上陸した西村眞悟議員の雄姿まで掲載されているのである。これが政治的挑発でなくして何であろうか？　その点で「つくる会」の教科書に最も怒らなければならないのはまず中国人であろう。

しかし、中国政府および中国メディアの「つくる会」教科書をめぐる対応には、一貫して抑制された大人の態度が感じられた。その背景には国交正常化以後、ますます深まる日中友好関係の深まり、あらゆる場面での相互依存関係がある。いっときの感情でこれを水泡に化すことはできないことなのである。その意味でも一方的に挑発を続けた「つくる会」の罪は重い。

◆触媒としての華僑・華人世界

日本人が海外に出て、米のご飯が恋しくなったらチャイナタウンを探すという。鮨などの日本料理もかなり浸透しつつあるが、世界中どこでもあるというわけにはいかない。とりあえずご飯にありつける中華料理の広がりにはかなわない。しかも料理が美味しい場合が多いから、たいへん重宝する。世界の主要都市にチャイナタウンがあることは、中国人ワールドの最大の強みだろう。そこにはグローバリズムの時代にもしたたかに生き残る巨大な奔流のような逞しささすら感じる。

華僑・華人という言葉がある。中国を出国して海外に住んでいても、郷里の家族に送金するような人々は華僑、いわば「出稼ぎ」だ。これに対して海外で現地化が進み、家族を呼び寄せ、その国の教育を受け、移住地の国籍を取得して祖国を「特別な外国」にしてしまった人々は華人と区別する。

前者には老華僑・新華僑という区別もある。古い時代に故郷を離れ、日本の都市でいえば横浜・神戸・長崎などにチャイナタウンを形成していった老華僑に対し、中国政府が「改革・開放」で出国を緩和し始めた一九七八年以降に海外に渡航し、留学・商用にはじまり、現地社会で就職したり起業したりして定住の道を選んだ人々は新華僑だ。日本には現在二九万人（二〇〇〇年日本政府統計の概数）以上の中国籍の人がいるが、その大部分はすでに新華僑で占められている。

新華僑の人々は比較的学歴が高く、高い技術を持った人々が多い。起業家として成功した人々もあり、日本に中国人経営の企業は二〇〇〇社あるという。そこで働く日本人従業員も一万人を超え、日本人の雇用拡大にも貢献している。こうした中国人世界の拡大にともない、各地で中国語の新聞を開業したり、テレビ局を開局する動きも盛んに行われている。

日本のばあい、『留学生新聞』にはじまり、『中文導報』『聯合週報』『日本新華僑報』『東方時報』など数多くの新聞媒体が誕生しているほか、CSテレビ局には現在ACEチャンネルと楽々チャイナの二局がある。

日本内外の華僑・華人世界に「つくる会」教科書の問題性をいちはやく告発し、警鐘を打ち鳴らしてきたのは、ほかでもなくこのような新華僑紙の存在であった。たとえば『聯合週報』は、昨年八月に中国語媒体としてもっとも早く「つくる会」教科書の問題性をスクープしたメディアである。また『中文導報』は二〇〇〇年九月一四日以来、今年四月一二日までに歴史教科書問題で合計一四本の関連記事を掲載している。こうした報道もあって、各紙の投書欄には早くから「つくる会」の教科書づくりによる日中関係の行く末を懸念する読者の声も数多く掲載されるようになっていった。

たとえば『中文導報』（二〇〇一年二月一日付）には、「歴史は答え（＝検定結果）を待っている」と題した読者の投稿が掲載された。その内容は、「つくる会」が産経新聞社・扶桑社と一体になって独占禁止法に反する他社教科書批判キャンペーンを行っている事実を指摘し、このようにしてまで歴史を歪曲する右翼が台頭しているなか、文部省（現文部科学省）の検定結果いかんでは、日中関係の行く末が案じられるというものだ。

［資料］**歴史は答えを待っている**

新しい教科書の検定結果発表が近づくにつれて、歴史の語りを争奪する赤裸々な政治運動がわれわれの身辺に起こりつつある。明らかに、いかなる人も歴史の外に身をおくことはできず、だから私たちは日益しに激しくなる世論の攻防に第三者的に傍観を決め込むことは許されない。私たちは選択しなければならない。歴史の正しい方向を選択し、自己の真実の言行をもって新しい歴史の流れを築きあげることを選択しなければならない。

一月二二日、高嶋伸欣琉球大学教授と上杉聰関西大学講師は共同声明を発表し、公正取引委員会に対して、産経新聞社・扶桑社・新しい歴史教科書をつくる会が行っている一連の過剰な宣伝活動は、政治運動を巻き起こすことによって権力による公正・自律的な教育学術研究への介入をねらうもので、教育基本法と独占禁止法に反していると訴えた。このたびの声明は、日本の有識者によって歴史歪曲教科書の検定通過に反対するために行われた措置である。これより前、多くの団体が分析研究に着手し、「産経」系教科書検定申請本が、歴史的事実を故意に無視したり意図的に歪曲していることを多方面から詳細に暴露して、日本やアジア各国の広範な注目を集めていた。

八〇年代以降、教科書問題は日本の歴史認識の試金石として、それが問題化するたびに中国を含むアジアの隣国の焦慮を引き起こしてきた。実際、中学校教科書に軍国主義による侵略の事実と犯罪行為が記載されたのは、戦後三〇年にわたる平和を追求する日本の国民運動の真の成果であり、そこまでの道も決して平坦ではなかった。しかしその後の二〇年、日本では右翼勢力が日益しに増長し、既に定まった歴史の問題を覆そうとたびたび画策してきた。……「二〇〇二年教科書検定問題」もこうした脅威が表面化したものといえよう。……

指摘しておかねばならないのは、歴史を歪曲し、歴史を否定した新しい教科書の問題において、産経新聞社と系列の扶桑社および「新しい歴史教科書をつくる会」が三位一体で、企画・編集・出版から発行にいたるまで、右翼言論の生産と販売の一筋のラインを形成していることだ。……『産経』は自らが持つ媒体を動員し、報道の自律性は省みず、報道の自由は濫用して、（他社教科書批判などのキャンペーンを通じて）文部省の教科書検定に干渉し、さらにその他の社の教科書の正常な出版活動に対し、歪曲、打撃、中傷を加えた。……

この半年あまり、日本の有識者や市民団体は、『産経』の猖獗をきわめた行為に激しく反対してきたが、文部省の今年三月末の教科書検定結果がそのひとつの目標となった。疑いなく、新世紀の日中関係、日韓関係および日本とアジア諸国の関係の発展のなかで、『産経』が計画している反歴史的な教科書は、動き始めた時限爆弾となっている。文部省が最後の起爆装置を握っているのだ。文部省が起爆者となるのか、それともそれを除く者となるのか、これは重大な選択であると言わねばならない。

……自由な社会ではさまざまに異なった声の存在が許される。しかし正義の社会であるならば、醜悪なものが広がっていくことの防止に怠惰であってはならない。……教科書検定はどこへ行こうとしているのだろう。もの言わぬ歴史は答えを待っている。

（『中文導報』二〇〇一年二月一日投書）

このような在日華僑たちの憂慮は、二〇〇一年三月二一日に「『新しい歴史教科書をつくる会』等による歴史教科書に関する声明」という声明文を発表するまでにいたっている。筆者の知るかぎり、さまざまな場で活躍する在日中国人が団結し、共同の声明を起稿して発表するという事態は、一九九九年の東京都知事選挙で石原候補の反中国言動を憂慮する声明を発表して以来二度目のことである。

声明文では「教科書は子どもの知る権利を全うする上で重要な参考資料」であり、「歴史の事実をありのまま、次の世代に、より正確に提供することは教科書の役目」としたうえで、歴史の事実をことさらに無視、歪曲した「つくる会」の教科書が教育現場にもちこまれることは、「アジアの若者と日本の若者との間に、歴史認識について、新たな断絶が醸成され、日本及びアジアの未来に不安定な要素が生まれてしまう」とその危険性を指摘している。

［資料］**在日中国人教科書問題を考える会の声明**（二〇〇一年三月二一日）

目下検定作業進行中の「新しい歴史教科書をつくる会」等による歴史教科書は、歴史事実を歪曲し、侵略戦争を美化して、韓国・中国等近隣諸国の大衆の憤りを招いている。

中国政府も再三にわたり、複数のルートを通して憂慮の念を表している。われわれ「在日中国人教科書問題を考える会」は、中国人民の感情をより的確に日本人民に伝えるため、ここに声明文を発する。

歴史問題に関する正確な認識は、中日関係の政治的基礎で、両国人民の子々孫々友好の礎でもある。過去の戦争において日本帝国主義者が中国をはじめ近隣諸国の人民、また自国民にも甚大な災難をもたらしたことは動かぬ歴史事実であり、民主主義を熱愛する日本人民とその政府も、それについて反省の意を表明してきた。そのような歴史認識を前提に、日本人民とアジア諸国人民とは、友好的に交流している。しかし、「新しい歴史教科書をつくる会」等の手によって編纂される「歴史教科書」はそのような事実を無視し、中国人民の感情をいちじるしく傷つけるものである。学習権は近代の基本的人権の一部であり、教育は人類の生存上、必要不可欠なものである。学校教育に使用される教科書は子どもの知る権利を全うする上で重要な参考資料となる。歴史の事実をありのまま、次の世代に、より正確に提供することは教科書の役目である。上記のような歴史教科書が教育の場で採用されると、アジアの若者と日本の若者との間に、歴史認識について、新たな断絶が醸成され、日本及びアジアの未来に不安定な要素が生まれてしまうと危惧している。

上記の認識に基づき、中日の未来と世界の平和を願い、日本人民と政府に今度の歴史教科書の問題に関して、善処するよう、強く要望する。（連絡先：王智新）

なお、「在日中国人教科書問題を考える会」は、莫邦富（作家）、朱建栄（政治学博士・東洋学園大学教授）、熊達雲（政治学博士・山梨学院大学教授）、蔡建国（哲学博士・新潟国際情報大学教授）、張紀潯（城西大学助教授）、沈潔（社会福祉学博士・高知県立女子大学教授）、趙海成（ジャーナリスト）、張玉人（弁護士）、蘇林（北海学園北見大学助教授）、李彩華（名古屋経済大学講師）、丘海涛（中文産業株式会社）、段躍中（日本僑報出版社編集長）、孔健（孔子第七十五代子孫・チャイニーズドラゴン新聞編集主幹）、王智新（教育学博士・宮崎公立大学教授）等、日本の大学・研究所・企業などに勤めている中国人一〇八人による組織である。

◆中国での「つくる会」教科書報道

日本など海外の華僑・華人世界を読者にしている媒体に比較して、中国国内の「つくる会」教科書報道には、非常に抑制の効いた目立たないものであった。中国の新聞の多くが、香港・台湾などの新聞や、日本の新華僑紙と比較して紙面に制約があることや、原則として何でも自由に書ける西側の媒体とは異なり、国情の相違からそれなりの報道管制があり、政府の公式見解に沿った報道以外はあまり期待できないという事情もある。

それだけに、どんなに小さな記事でもその内容にはその時の中国政府の判断なり立場なりが表現されていると考え、私は『人民日報』『光明日報』『中国青年報』などの全国紙はもとより、上海発行の『文匯報』『新民晩報』や、香港における『文匯報』『大公報』『香港商報』などの左派系紙も含めて、注意深くウォッチングしてきた。

もっとも中国では、昨年八月二七日の段階で『中国青年報』が「つくる会」教科書の動きを詳しく紹介する報道を行い、これが『人民日報』や『新華社通信』のインターネット版に転載されたことで、日本で歴史教科書問題が再燃していることはそれなりに共通認識になって伝えられていた。しかし韓国ではこのような事態が報道されたのち、ただちに激しい対日抗議運動に火がついていたのに比べ、中国では政府の要人が日本の外交官や政治家に対面する機会をとらえ、「つくる会」教科書に対する懸念や憂慮こそ繰り返し伝えられたものの、ことさらに対日感情を悪化させたり、さらに民衆運動を煽るような報道は慎まれたのである。

中国共産党機関紙『人民日報』の場合、日本の教科書問題を扱った記事は昨年暮れからたびたび登場するようになり、二〇〇〇年一二月には合計で六回を数えたが、その内容は日本の反対運動の動向を伝える小さなニュースが多かった。中国国内の動きを伝えたものとしては、ことし二月に北京大学で行われた日本の歴史改ざんをめぐるシンポジウムの傍聴記が比較的長いものの最初だった。中国政府はあくまでも冷静かつ理性的に日本の教科書問題に対処したのである。

それだけに「つくる会」教科書が文部科学省の検定に合格したことに対する驚きと落胆はたいへんに大きなものがあった。中国政府の唐家璇外相は四月四日に阿南惟茂駐中国大使を召見し、日本の文部（科学）省が中国侵略の歴史を改ざんした「つくる会」教科書を合格させたことに強烈な憤慨と不満を表明し、日本政府が「つくる会」教科書の誤りを糾明し、中日関係を維持発展させるよう求めた。（四月五日付香港『星島日報』）

このほか中国の国会に相当する全国人民代表大会の外交委員会の責任者も、「中国やアジアの近隣各国が反対を表明しているにもかかわらず、右翼学者による侵略を美化し歴史を歪曲した二〇〇二年版歴史教科書を検定合格させたことは、中国およびアジア各国の人民の感情を再び傷つけるもので、私たちは強い不満と譴責を表明する」という談話を発表した。（四月五日付『光明日報』）

中国各紙も四月五日に「つくる会」教科書の検定合格を一斉に報じた。その見出しには

「歴史を歪曲し、侵略を美化することは許されない」（四月五日付『人民日報』）、「新教科書の検定合格、政府の責任は逃れられない」（四月五日付『光明日報』）、「歴史は改ざんを許さない――日本の『つくる会』教科書登場を評す――」（四月五日付上海『文匯報』）など厳しい批判の論調を示すものが多い。

中国各紙は、「日本政府は民間の教科書会社が作ったと言い逃れをいうが、政府が検定に関与している以上、その責任は免れられない」と日本政府の責任を厳しく追及したのである。

このほか四月四日の中国新聞社電は、北京で抗日戦争史を専攻する数十名の学者たちが日本軍国主義をめぐるシンポジウムを開いたニュースを配信している。学者たちは「つくる会」教科書が日本政府の手厚い庇護のもとに検定を通過した事態を重視し、日本軍国主義が日本社会で捲土重来して再び支配的地位を獲得しようとしており、これはアジアおよび世界の平和と安定を破壊する脅威であり、日本人民にも巨大な災難をもたらすと分析したという。（四月五日付香港『大公報』）

［資料］**歴史は改ざんを許さない**――日本の『つくる会』教科書登場を評す――

日本の右翼団体「新しい歴史教科書をつくる会」が主導する初級中学の歴史教科書が三日、日本の文部科学省の検定に合格した。……日本には依然として一握りの右翼勢力があり、あの手この手で定説化している日本による侵略の歴史を覆そうとしている。……

古くは一九八二年と一九八六年にも日本は歴史改ざん事件を引き起こした前科がある。……今年になってこのような教科書は文部科学省の庇護によって再び世に出た。文部科学省は何をしようとしているのかとの問いを禁じ得ない。

一九九七年、日本の数人の右翼学者は、現行の初級中学の歴史教科書は「自虐」性を帯びているとして、この「新しい歴史教科書をつくる会」を立ち上げ、彼らの反動的な歴史観を基準とする教科書作製に着手したのである。昨年四月、この教科書の見本が文部科学省の審査に提出された。マスコミによって（「つくる会」の）教科書の問題性が暴露されるや、文部科学省は内外の世論の力に迫られ、「つくる会」に一三七カ所の、明らかに歴史を改ざんし侵略戦争を美化している記述に対して修正することを求めた。この後「つくる会」はやむをえずこれらの記述に幾ばくかの修正を加えたが、それは決して史実の歪曲や、侵略戦争を美化するという本質を改めたものではなかった。

……文部科学省は他にもあまたある同様の歴史叙述をもつ教科書（侵略の歴史を書く

ことを自粛したり、薄めたりした教科書）を合格させているが、これはひとにぎりの極右勢力が教科書を利用して歴史を改ざん……することに対する暗黙の支持である。日本政府はこの教科書事件に回避できない責任があるということを、指摘しておかなければならない。

……文部科学省は最終的な検定を下すにあたり、史実に照らして問題のある教科書を徹底的に修正するよう要求できる権限を持っている。しかし残念なことに、文部科学省は「つくる会」の教科書検定の過程で、日本国内の正義の叫びやアジア各国の正当な要求を無視し、あいまいな、あるいは放任の態度さえとり、この史実を歪め侵略戦争を美化した教科書を世に出してしまった。これは日本の一握りの極右勢力の増長を助けるばかりか、日本の若い世代の歴史への認識を誤まった方向へ導きさえするだろう。かつて日本軍国主義に蹂躙されたアジアの人々は、このことに重大な関心を向けざるをえない。

日本政府当局によって審査決定される歴史教科書は、日本政府の歴史問題に対する態度を体現すべきものと言わねばならない。歴史教科書問題で日本政府が過去の侵略の歴史を正しく認識し、対応できるか否か。この意味から言うと、歴史教科書問題は単なる日本の内政問題ではない。かつて日本が起こした侵略戦争によって深い災難と苦痛を蒙ったアジアの国々は、日本政府が歴史問題で鮮明で正しい態度をとるよう要求する権利がある。……

戦後五〇年にあたる一九九五年に発表された談話（村山談話）は言う。戦争は日本国民に損失をもたらしただけでなく、日本の「侵略行為と植民地統治がアジア近隣の国々の多くの人びとに、忍びがたい苦痛と深い悲しみを与えた」と。さきごろ、森喜朗首相も「村山談話の精神」に沿って教科書の審査決定をすべきであると表明した。日本政府は言行一致で、教科書問題を適切に処理すべきである。

中国政府は二〇〇一年五月一七日、ようやく日本政府に「つくる会」教科書の記述修正を求める覚書を手交した。その内容は「つくる会」教科書の近現代史部分に限定され、南京大虐殺・満州国・日中戦争・東京裁判などわずかに八カ所に絞り込まれた内容だった。先行した韓国政府の記述修正要求が三五項目にのぼり、古代から現代にわたり、しかも「つくる会」教科書以外の他の七社の教科書にまで及んでいたのに比べて控えめな内容になっている。

［資料］**覚書——中国政府の記述修正要求——**（原文中国語）

日本の文部科学省が検定合格させた扶桑社の二〇〇二年版歴史教科書の基調は皇国史観を宣伝し、侵略の歴史を否認し美化しており、一三七カ所の修正を経たにもかかわらず、依然として深刻な問題が存在している。この教科書は日本軍国主義が発動した侵略戦争について何ら反省していないばかりか、史実を歪曲するレトリックを通じて、極力侵略戦争の性質を否認し、侵略の罪行を薄めかつ隠蔽するもので、日本社会と青少年の歴史観の形成を著しく誤導するものである。すでに王毅外務副大臣は、三月三〇日に阿南惟茂日本大使に対してこの教科書の主な誤りを指摘し、中国側のこの教科書についての基本的考えを表明した上で、日本政府が歴史に責任を負う態度で誤りを正し、その悪影響を除去するよう要求した。その後、中国歴史学会もこの教科書について真剣に検討し、そのなかの中国に関する部分の主要な誤りに絞って以下の通り指摘するとともに、日本側に対して改めて過ちを正すように要求する。

一、原文二八七頁

「中国は国内統一が進行するなかで、不平等条約によって中国に権益を持つ外国勢力を排撃する動きが高まった。それは中国のナショナリズムの現れであったが、武力によって革命を実現したソ連の共産主義思想の影響も受けていたので、過激な性格を帯びるようになった。勢力を拡大してくる日本に対しても、日本商品をボイコットし、日本人を襲撃する排日運動が活発になった。」

【コメント】

(1)上記の、一九二〇年代の中国人民による日本軍国主義の対中国勢力拡大に対する反対を「排日運動」と称し、それが形成された原因として「暴力によって革命を実現したソ連の共産主義思想の影響」を強調することは、日本の中国に対する侵食と勢力拡大が中国人民を反抗に追いやった主な原因であるとの歴史の事実を隠蔽するものである。

(2)「過激」という言葉を用いて中国民衆の日本勢力拡大に反対する正義の闘争を形容することは、日本軍国主義が中国東北で行ったさまざまな悪行を正当化しようと企むものである。

二、原文二七二〜二七三頁

「満州国は、五族協和、王道楽土建設をスローガンに日本の重工業の進出などにより経済成長を遂げ、中国人などの著しい人口の流入があった。」

【コメント】

(1)一九三二年七月、関東軍本部が制定した「満州経済統制の基本方針案」は「満州の重要事案は国策上重要な意義を現しており、日本国の経営を理想とする」旨明確に述べている。こうした背景のもと「満鉄」「満業」などの日本資本の企業が中国東北の経済命脈を完全に支配し、日本の対中国勢力拡大と侵略戦争に直接貢献した。いわゆる東北地区の経済成長は、実際には日本の対中国侵略戦争のための経済成長であった。

(2)日本は東北地方に対して欲しいままに略奪を働いた。不完全な統計によれば、一九三一年から一九四四年までの間に、東北地方から二億二八〇〇万トンの石炭、一一〇〇万トンの銑鉄及び大量の良質な木材が日本に運ばれ、前二者の同時期の東北地方の生産量に占める割合はそれぞれ三〇パーセントと四〇パーセントであった。さらに大量の戦略物資が中国内地に対する侵略と太平洋戦争のために日本軍によって直接用いられた。

(3)日本は偽満州国の政権と結託して東北地方に大量の移民を行った。不完全な統計によれば、一九三二年から一九三六年七月までの間に日本は五度にわたって東北地方への移民を進め、日本人七一・七万人、朝鮮人八七・七万人が移住した他、それ以降も三〇万人以上が引き続き移民した。日本軍はこうした移民のために土地を強制的に占領し、当時の東北地方の耕作地全体の一〇分の一以上を占領することにより、多くの中国の農民を困難な状況に陥れた。いわゆる中国人が東北地方に顕著に流入したのは、日本軍が強制や欺瞞などの手段を用いて華北地方から一二〇〇万人の中国人を東北地方に強奪し、労働者に充当したためである。

(4)日本軍隊は公然と国際法の関係規定に違反し、東北地方に細菌戦を研究するための実験基地を作り、「七三一」部隊は多くの生きた人間を用いて実験を行い、無数の中国民衆を殺害した。また、大量の化学兵器を貯蔵し遺棄し、今に至るまで現地の生態環境と人々の生命財産の安全に重大な脅威を与えている。

この教科書は以上の事実を隠蔽し、日本統治下の東北地方の繁栄を美化しようと腐心しているが、これは歴史の事実に対する重大な歪曲である。

三、原文二七四頁

「日本軍は国民党政府の首都南京を落とせば蒋介石は降伏すると考え、十二月、南京を占領した。(この時、日本軍によって民衆にも多数の死傷者が出た。南京事件)。」

原文二七五頁

「東京裁判では、日本軍が一九三七年、日中戦争で南京を占領したとき、多数の中国人民衆を殺害したと認定した。(南京事件)なお、この事件の実態については資料の点で疑問点も出され、さまざまな見解があり、今日でも論争が続いている。」

【コメント】

(1)上記の記述は、この悲惨極まりない「南京大虐殺」を表面だけで事終われりとし、日本軍による南京城占領の後、何ら抵抗する力を持たない中国一般人と武器を放棄した捕虜に対して計画的に五週間にわたり大規模な虐殺をおこなった歴史的事実を覆い隠している。

(2)当該教科書は「南京大虐殺」が「資料の上で疑問点が出され、さまざまな見解があり、今日でも論争が続いている」と強調し、その意図は、極めて少数の異論を普遍性を持った議論として強調し、読者が「南京大虐殺」の真実性や極東国際軍事法廷による本件の史実に関する結論に対して疑うように、誤った議論をすることにある。

四、原文二七五頁

「国民党と手を組んだ中国共産党は、政権を奪う戦略として、日本との戦争の長期化を方針にしていた。日本も戦争目的を見失い、和平よりも戦争継続の方針が優位を占めて、際限のない戦争に入っていった。」

【コメント】

当時、中国は国家と民族の滅亡という民族的危機に直面しており、中国共産党が抗戦を堅持したのは「救亡国存」（＝国家と民族の滅亡を救い、生存を図る）ためであった。この教科書は、これを「政権を奪う戦略」と侮辱し、「日本も戦争目的を見失い」との記述により、日本軍国主義が発動した対中国侵略戦争の本質を覆い隠し、戦争長期化の原因を誤って、中国共産党が長期の対日戦争作戦の方針を策定したことにあるとしたことは、歴史事実の重大な歪曲である。

五、原文二七四頁

「一九三七年七月七日夜、北京郊外の盧溝橋で演習していた日本軍に向けて何者かが発砲する事件が起こった。翌朝には、日本軍と中国国民党軍との間で戦闘状態になった（盧溝橋事件）。現地での解決が図られたが、やがて日本軍も大規模な派兵を命じ、国民党政府も直ちに動員令を出した。以降八年間にわたって日中戦争が継続した。同年八月、外国の権益が集中する上海で、二人の日本人将兵が射殺される事件が起こり、これをきっかけに日中間の全面戦争が始まった。」

【コメント】

日本が全面的な中国侵略戦争を発動したのは、長期にわたる陰謀蓄積の結果である。すなわち、一九三一年に日本は九・一八事変（柳条湖事件）を通じて中国東北地方を占領した。一九三二年の一・二八事件（第一次上海事変）により、日本軍は上海に侵攻並びに駐留した。一九三二年三月偽満州国傀儡政権をかつぎ、東北地方を中国から分裂させようと企てた。一九三五年日本軍は南方に侵攻して北京および天津を脅かし、「東北五省自治」を策動した。この大量の史実が証明するとおり、日本は一九三〇年代初頭より中国に対する全面的な軍事侵略を計画的に準備し始めていた。本教科書は「全面戦争開始の契機」を二回の偶発的事件であると記述しており、その意図は日本が全面的中国侵略戦争を発動する意図があった事実を隠蔽することにある。

五、原文二八〇頁

「日本はアジア各地域の国々に戦争への協力を求め、合わせてアジア各国の結束を示すため、一九四三年一一月、この地域の代表を東京に集めて大東亜会議を開催した。会議では、各国の自主独立、協力による経済発展、人種差別撤廃等を提唱した「大東亜共同宣言」が決議され、日本の戦争理念を明確にした。

【コメント】

一九四三年の「大東亜会議」出席者は、主として日本侵略軍が支えていたアジア各地の傀儡政権であり、アジアを代表することは不可能である。また、「アジア各国の結束」を示すことも不可能であった。この教科書の記述は、読者に日本のアジア侵略がアジア各国人民の支持を得ていたという間違った印象を与え、歴史の事実とは一致していない。

七、原文二八一頁

「しかし、大東亜共栄圏のもとでは、日本語教育や神社参拝が強要されたので、現地の人々の反発が強まった。この他、戦局の悪化に伴い、日本軍によって現地の人々が過酷な労働に従事させられる場合もしばしば起きた……。」

【コメント】

日本の侵略者は「共存共栄」の看板を掲げて、アジア諸国に対して残酷な植民地統治（正確には「軍政統治」）を行い、各国人民の生命・財産に大きな損失を与えた。その暴行は、この教科書のなかで述べられている「日本語教育や神社参拝を強要された」及び「過酷な労働に従事」などにとどまらない。この教科書はこの点について、肝心なことを述べずに安易に就き、あえて表現をうすめている。

八、原文二九四〜二九五頁

「この裁判（「東京裁判」をさす）は、日本が九カ国条約や不戦条約に違反したということを根拠にしていたが、これらの条約には、それに違反した国家の指導者を、このような形で裁判にかけることができるという定めはなかった。

また、『平和に対する罪』は自衛戦争ではない戦争を発動することを罪とするものであったが、こうした罪で国家の指導者を処罰することは、それまでの国際法の歴史ではなかった。さらに、裁判官はすべて戦勝国から選ばれ、裁判の実際の審理でも、検察側の挙げる根拠の多くがそのまま採用されるのに対して、弁護側の申請する証拠調べは却下されることが多かった。東京裁判で唯一国際法の専門家であったインドのラダ・ビノード・パール判事は、この裁判は国際法の根拠を欠くとして、被告全員の無罪を主張した。しかし、ＧＨＱは、このパール判事の意見書の公表を禁じ、その他、一切の裁判への批判を許さなかった。」

【コメント】

第二次世界大戦の主な戦争犯罪人に対して国際裁判を行ったことは、現代国際法における一つの重要な発展である。一九二八年のパリ「不戦条約」は、国家の政策の手段としての戦争を抛棄して、戦争犯罪の範疇を拡げた。一九四三年のモスクワ宣言、一九四五年のロンドン協定やポツダム宣言及び、これらに基づいて制定された「欧州国際軍事法廷憲章」並びに「極東国際軍事法廷憲章」等の国際法文書に準拠して、日本の主要戦争犯罪人を扱う国際裁判は法律上の原則を定めた。その中では特に、原則的に被告人の官位については、同人が国家元首であれ、政府当局の責任ある官吏であれ、それをもって彼らが処罰を免じられ、あるいは処罰を軽減される理由と見なしてはならない。一九四六年一二月一一日の国連総会第九五−一号決議は「欧州国際軍事法廷憲章」に含まれる国際刑法の原則（ニュールンベルグ原則）を確認している。

東京裁判は、ニュールンベルグ裁判に続いて、国際社会が戦争犯罪人を処罰するという重要な実践であり、ニュールンベルグ裁判と同等の重要な地位と意義を有し、同裁判における原則は「ニュールンベルグ原則」及びその他関連する国際法の原則に完全に合致するものであり、国際社会の公認を得た。日本政府は一九四五年の敗戦の際にポツダム宣言を受諾し、一九五一年のサンフランシスコ平和条約第一一条で「日本国は、極東国際軍事法廷並びに日本国内及び国外の他の連合国戦争犯罪法廷の判決を受諾する」ことを認めている。

この教科書は、上述の歴史上の事実をかえりみることなく、史実を歪曲かつ誇張するやり方で、軍国主義の戦犯の無実を訴え、読者が極東国際軍事法廷の判決の合法性とその権威や公正さを疑うように誤導している。

◆アジア諸国にひろがった対日抗議の声

「つくる会」教科書に対する批判の火の手は米国やアジア各国でもあがっている。米国では人権擁護団体のサイモン・ヴィーゼンタールセンターが「第二次世界大戦の日本の侵略を十分に扱っていない教科書を日本の文部科学省が検定合格させたことに深く心を痛める」という声明を発表した。一九四〇年からの日本軍の仏印進駐で占領され、米の供出などによって大量の餓死者を出したとされるヴェトナムでも、政府高官が対日非難のコメントを発表している。また、マレーシアでも、華僑系企業約四〇〇〇社の会員を擁するマレーシア最大の商工団体、中華大会堂総会が二〇〇一年四月四日に記者会見を開き、日本政府への抗議文をクアラルンプールの日本大使館に届けると発表した。会見に臨んだワン・シチャン主席は「歴史の捏造は断じて受け入れがたい」と話している（四月五日付朝日新聞など）。さらにタイでは、中国の『光明日報』記者の訪問を受けた国立タマサート大学アジア研究所研究員が「日本政府が侵略戦争について深刻な反省を欠いていることが、アジア諸国の戦争被害者に対する国家的謝罪を阻んでいる」と、「つくる会」教科書に対する深い懸念を述べている。（四月六日『光明日報』）

このほかにも、華人を主体にマレー人・インド人・タミール人などで構成される多民族国家のシンガポールでは、『聯合早報』（中国語）、『ストレーツ・タイムズ』（英字）両紙が「つくる会」教科書の検定合格を非難する報道を展開し、『聯合早報』の四月五日付は「日本右翼の戦争史観が、子孫に災いを及ぼす」と題した社説を掲げ、「つくる会」教科書の検定合格は日本が自らアジアで孤立させるものであると、強い懸念を示している。

［資料］**日本右翼の戦争史観が、子孫に災いを及ぼす**

日本政府の歴史教科書検定をめぐり、中国・韓国が激しく反発している。中国の駐日大使はただちに厳重な抗議をおこない、韓国にいたっては大使の召還の可能性をも示した。アジアのその他の、かつて日本の侵略を受けた国々も、それぞれなにがしかの意思表示を行うだろう。歴史教科書問題は、再び日本を外交の大きな風波の中に引きずりこむだろう。

日本の教育部（原文ママ）は、新しい歴史教科書はすでに多くの項目で修正されたと表明し、言外にアジア諸国の立場を考慮したといいたげである。事実は逆に、いわゆる修正は、……アジアの国々が最も不満を持ち、怒りを持っている所を、幾ばくか粉飾し、薄めただけに過ぎないことを証明している。修正以後の教科書において、日本の侵略戦争の歴史を横から歪曲し書き換えようとする意図はますます明らかであり、その例は枚挙に暇がない。

たとえば、新しい教科書（「つくる会」教科書）は依然として、日本が当時引き起こした侵略戦争を「大東亜戦争」と称し、「南京大虐殺」は薄めて「南京事件」とし、日本の朝鮮半島併呑行為を、「合法」から「正当」と改め、しかも当時の日本占領軍の獣のような行為を反映する「慰安婦」問題にいたっては、歴史に入れるべきではないと主張してあっさりとこれを削除した。いかなる観点から見ても、新しい教科書が意を用いていることは、若い世代に正しい歴史認識を導こうとすることではなく、小さなうちから、日本が当時発動した戦争は道理にかなっていたという観念を流し込もうとすることだ。

日本の教科書は民間の学者によって編纂されたものであるとはいえ、内容については必ず教育部の検定を受けなければならない。したがって、日本政府が歴史歪曲の責任を民間学者に転嫁して、それを日本政府の責任に帰すことはできないという論法は、まったく笑うべきことだ。……

近年、きわめて極端な日本の右翼人士がまるで無遠慮に表舞台を歩き始めているのは、これだけ永年「努力」を続けてきた後、ようやく時代も変わり彼らにとって有利になったと感じられるようになったからかもしれない。

そのなかで最も注目されている人物が、漫画家の小林善紀（よしのり）である。彼もまた新しい歴史教科書の執筆者のひとりである。小林は最近漫画集『台湾論』で、当時無理やり慰安婦にさせられた人について、実際には志願して慰安婦になったとしたことによって、大きな騒ぎを引き起こし、その名は国際的に喧伝された。彼はその前にも、『戦争論』の類を出版し、日本の戦争発動とその戦争行為を称賛したことがある。小林の出版したこれらのものは、決して興の赴くままというものではなく、周到かつ綿密な戦略配置に基づいたものだ。たとえば『台湾論』の出版も、台湾内部で必ず呼応する人があると信じたからで、たいへん不幸なことに、事実確かにそうだったのだ。

日本の青少年が漫画に夢中となり、漫画の中のヒーローを崇拝し、ついにはそれを真似る者も多く、この種の風潮により惹起された事件も珍しくはない。小林とその一味は、漫画を手段として青少年に彼らの思想を注入するための媒介とすることを選んだ。その効果はもとより（一般書と）同じものではない。これもすべての歴史に関わる問題に突出した、最も危険な側面である。

日本は敗戦後、経済を再建してアジアを見下し、経済成長は新しい民族の信念になった。だが、二一世紀に入った日本は、経済的には行き着くところまで行き、活力を失っている。若い世代はしだいに目標を見失い、加えて十余年来の日本の政治家の資質はますます低下し、歴代首相の能力もだんだん劣ってきている。彼らは国家が直面している経済その他の問題に対しても解決の方策を持たず、往々にして民族的情緒によるバネに訴えようとする。

実際、日本は戦前に、侵略戦争を展開するために、大いにその右翼の歴史観を鼓吹したが、結果はほとんどこの民族を滅亡の淵にまで連れていくことになった。右翼の戦争史観は子孫に歴史を教訓とさせるものではない。結果はやはり子孫に災いを及ぼすのである。

◆日本占領時代を教えるシンガポールの新しい教科書

日本の歴史教科書にこのような厳しい批判を加えたシンガポールでは、今年から抗日戦争の歴史を小学校四年次に半年もかけて学ぶという新しいカリキュラムが始まっている。

▲…『ザ・ダーク・イヤーズ』の１ページ

シンガポール小学校国定社会科教科書の四年次後期に配当された『ザ・ダーク・イヤーズ』（英文）という教科書では、全八〇ページのうち六四ページが日本のシンガポール侵略と、日本軍政下の「昭南島」とよばれた時代の歴史で占められている。写真・地図や漫画がふんだんに盛り込まれたその教科書には、付属のワーク・ブックも市販されている。ワーク・ブックには、この教科書で学んだ日本の侵略戦争・シンガポール軍政などについて、要点をとらえた設問がたくさん用意されており、これら一つ一つの設問について話し合ったり、自ら考えて文章で書き込ませる方式をとっている。日本なら大学受験生レベルでも悪戦苦闘しそうな内容だ。

他のアジアの戦争被害国の教科書でも日本

の侵略・植民地・軍政支配を教えてはいるものの、小学校四年次という早い段階で、日本の侵略戦争をこれだけ詳しく教えているのはシンガポールの国定社会科教科書以外に見当たらない。

〔資料〕**シンガポール国定社会科教科書四B**

『ディスカバーリング・アワー・ワールド／ザ・ダーク・イヤーズ』の目次と項立て

第一章：戦前のシンガポール

海軍基地ができた理由／日中戦争とそのシンガポールへの影響／一九三八年までのシンガポールの軍事要塞

第二章：戦争の足音

ヨーロッパとアジアの第二次世界大戦／なぜその戦争は世界大戦として知られているのでしょう？／太平洋とアジアの第二次世界大戦／真珠湾攻撃の日、日本軍はマレー半島とシンガポールを爆撃／日本のマラヤ侵攻

第三章：シンガポールにおける戦争
シンガポールにおける戦闘／ブキ・チマ戦／セントーサ島の攻防戦／なぜシンガポールは陥落したのか？――大英帝国の攻防――／大英帝国降伏後のシンガポール

第四章：日本占領下のシンガポール
日本軍のシンガポール人に対する扱い方／行方不明中国人の例／食糧不足／貧困時代に人々はどのように助け合ってきたか／日本化されたシンガポールの生活／日本語を学ぶことの奨励／新聞・ラジオ番組・映画の統制／日本の祭典を祝う

第五章：戦争の終結
日本の敗北／シンガポールへのイギリス軍の帰還

第六章：忘れがたい場所と人々――第二次世界大戦ゆかりの人々と場所――
アナン・ビン・サイ／林謀盛／クランジ戦没者共同墓地／フォート・カニングの地下壕／民間人戦争記念碑／など

第七章：戦後の諸問題
戦いが終わったあとの苦しい生活／住宅不足とひどい公衆衛生／水と電気の不足／食糧不足／働き場の不足

第八章：ストライキと暴動
ストライキの理由／一九四七年、ストライキの年／一九四七年ストライキの結果／ホック・リー・バスのストライキ／他のストライキと暴動／ロスアンゼルスでの暴動／航空会社のストライキ／アンボンの騒動

終章：痛ましい歳月（全訳）
私たちはあのつらい日々を過ごした／そしてより良い日々が来ることをずっと望んできた／私たちは血と涙とを引き換えに自分たちの自由を勝ち取った／私たちはあのつらい日々を過ごし、お互いの苦しみを分かち合った／私たちは正しいと思っていることをなし遂げるために、全ての恐怖を克服した／私たちは恐ろしい日々から離れ、別の道を歩んできた／私たちは未来に安全で健全な国を守ることを誓う

（ピースボート第三十三回クルーズ／シンガポール教科書翻訳自主企画チーム訳）

5——［台湾］よしりんはなぜ台湾で失敗したか

▲…台湾総統選挙に参加した台湾師範大学の学生たち
（2000年３月17日中山サッカー場で行なわれた陳水扁陣営の北部総決起集会にて）

日本の植民地統治を経験した台湾の人々のなかには、日本語で教育を受けた日本語人とよばれる老人たちがいる。また、日本製のポップ・カルチャーを崇拝する哈日族とよばれる若者たちもいる。さらに日本は、国民党一党独裁時代から台湾独立運動をすすめる台湾人の海外拠点であった。

このような事情もあり、日本で得られる台湾情報には「日本の植民地統治はよかった」といった類の右翼的な日本人を喜ばせるような歪められた情報が多く、現在の台湾の実相とはかなりかけ離れている。日本でマスコミを通じて得られる台湾情報を鵜呑みにすれば、「台湾人のかなり多くの人々が独立を望んでおり、李登輝は台湾では依然として神のように崇められている」ことになってしまいかねない。だが台湾独立派の人々の比率は日本で考えられているより少なく、李登輝は台湾ではもはや過去の人である。日本の右翼メディアは台湾独立派の人々と「合作」して、歪められた台湾像を供給していることになる。

小林善紀著『台湾論』は、台湾独立派と日本語人の接待人脈に沿って書かれたものだ。台湾には中台の両岸問題にもまして、台湾社会の複雑なエスニックを投影した台湾社会内部の認同の問題がある。台湾の歴代政権が「新台湾人」「全民政府」「新中間路線」などと長年苦労して融和をはかってきたところに、『台湾論』は一方的に台湾独立を鼓吹し、眠っていた対立をよびさましてしまった。外部者（日本人）のそのような所作に台湾人が怒るのは当然と言わねばならない。

◆台湾からも教科書批判の声が

日本の歴史教科書改ざんについて最も反応が鈍いのではと予想された台湾でも、「つくる会」教科書が文部省の検定を合格したのを受けて、最有力紙の『中国時報』をはじめ国民党機関紙の『中央日報』や一般紙の『中華日報』『工商時報』などが、日本の歴史改ざんを批判する記事を掲載している。

『中央日報』の「日本の歴史教科書改ざん再び」と題した社説では、日本は第二次世界大戦に敗れてこのかた、戦犯を祀る靖国神社に政界要人や極右分子が参拝し、日本による侵略の歴史を公然と否認してきた。かかる教科書事件はかなり以前からの陰謀であり、これが日本政府当局の主導によることは明らかであると主張している。

[資料]　**日本の歴史教科書改ざん再び**

……日本人が侵略の歴史を否定することは元来珍しいことではない。しかし漫画『台湾論』と『新しい歴史教科書』はやはり話題であり、彼らは入れかわり立ちかわり現れては途方もないことを物語り、若い世代を真相・真理から遠ざけるように教育する。……日本はこの数十年来、敗戦が悔しくて中国に敗れたことを承認せず、原爆を投下した米国には畏れすら抱いてきた。……日本は脱亜の歩みを始めて久しいが、戦後も急速に復興した。このため歴史も史実より癒しを求める人々による「自虐史観」反対の叫びか日益しに大きくなったのだ。……

広島平和記念資料館の展示を例にとれば、中国語など十四言語で日本の被害を列挙している反面、日本が侵略を仕掛けたことには口をつぐんでいる。政府高官も同然で一九八五年に中曾根康弘首相は靖国神社を公式参拝し、（天皇のために死んだ）戦犯の霊を招魂した。

その以前にも一九八二年に日本は歴史教科書改ざん事件を引き起こした。一九八六年に藤尾正行文相は、アジア諸国をひきあいに、日本の教科書検定を批判すべきではないと主張した。このことからもわかるように、教科書の問題は過去にもあり、日本は歴史を反省する姿勢がなく、歴史の改ざんは、じつは政府が主導しているのだ。

その後も日本の政客は中国をたびたび中傷してきた。たとえば一九八八年の奥野国土庁長官は「日本には当時侵略の意図がなかった」と公言した。一九九〇年には、石原慎太郎運輸大臣が「（南京大虐殺は）中国人がでっちあげたでたらめ」と発言した。一九九四年には永野茂門法相も、南京大虐殺を「でっちあげ」と語り、同年の桜井新環境庁長官は「太平洋戦争がアジアを解放に導いた」と暴言した。橋本龍太郎通産大臣も「日本が当時ひき起こしたものがはたして侵略戦争といえるかどうか疑問」と述べ、一九九六年にも島村宜伸が侵略戦争の承認を拒んでいる。しかもこの年橋本龍太郎は、総理大臣の身分で靖国神社に参拝しているのだ。……

日本が歴史教科書を改ざんするたびに大陸は例のごとく抗議し、台湾は例のごとく沈黙する。台湾はここ数年本土化（台湾化）を進めているから、（日本のことは）見て見ぬふりをする。今年は中華民国九〇年なのだが、八年にわたった抗日戦争史を無視しているばかりか、高位にあるものが「日本はもうわびる必要がない」などと媚びへつらっている始末だ。

大陸も台湾と同じで、経済上は日本を必要としているため、政治的人格が完全に独立できていない。口でこそ抗議をしているが、日本に足元をみすかされているため、いい加減にあしらわれた末、さらに新たな偽りの歴史で糊塗されてしまうから、とても始末におえない。これは実に両岸中国人の最大の悲しみである。……

（二〇〇一年四月五日付／台湾『中央日報』社説）

台湾でも日本の歴史教科書歪曲に対する市民の不満は高く、「つくる会」教科書検定合格後、植民地時代の日本人教育者を顕彰する石碑にスプレーでいたずら書きされる事件が起こった。

［資料］**台湾外交部が日本に教科書の修正を促したことを知り、台北で日本人を顕彰する石碑が鬱憤はらしの塗料吹きつけに遭う**（報道）

日本政府が侵略を美化した中学歴史教科書を検定通過させたことを受けて、台湾外交部の張小月広報官は昨日、「歴史はねじまげることを許さないものである」と強調するとともに、台湾外交部はすでに台北駐日代表部の羅福全を通じ、（日本政府に）台湾側の厳正な立場を表明し、日本政府が新版教科書の内容を正視し、相互の信頼関係に悪影響を与えないよう希望した。

台北市にある芝山岩史跡文化公園内に、日本の伊藤博文が揮毫して建立した「学務官僚遭難の碑」があるが、このほど日本に恨みのある何者かが、真っ赤なスプレーで「侵略者は死」「殺」という字を、日本人教師が殺害されたと記されたこの碑に吹きつけた。

芝山岩は日本統治時代に「国語」（日本語）を推進した「聖地」である。一八九五年、台湾人が抗日に決起し、六名の日本人教師がこの地で殺された。日本軍が抗日軍を撃破したあと、住民が抗日民兵を隠匿して差し出さなかったため、日本軍は再び殺戮をくりかえして鬱憤をはらした。……伊藤は揮毫して碑を建て、神社を建立し、参道を開いて「教育淵源の地」と称し、殺された六人の日本人教師は「六士先生」として殉職者にまつりあげられた。

台湾光復（日本敗戦）後、政府は神社をとりこわし、すべての石碑はその場に押し倒され、かわりに「芝山岩事件記念碑」が建立され、抗日反奴隷化教育の義挙を記念したのである。台北市政府は一昨年末から公園内の史跡の修復を進めており、伊藤が揮毫した碑も、改めて据え直されたものであった。

（二〇〇一年四月六日付／香港『東方日報』）

長く日本植民地下におかれた台湾では、国共内戦後に移住してきた外省人による弾圧や国民党の長期戒厳支配に対して、台湾の多数を占める本省人（福佬人・客家人・先住民）の反発があり、日本語で教育を受けた老人世代には、日本の教育や歌を懐かしんだりする心情がある。

したがって日本の侵略・植民地統治をめぐる評価をめぐって、台湾には「抗日八年」

（日中戦争）の記憶をもとに評価する外省人のエスニックと、日本の植民地体験、とりわけその教育で文明化したことを評価する日本語世代との乖離・分裂が同一社会のなかに混在しており、「つくる会」歴史教科書について、台湾社会でひろく批判の論陣が沸き起こるという事態は当初は想像しにくかった。私も当初は外省人の枠だけにとどまるのではないかと予想していたのである。

ところがこのような台湾で、官民あげての対日非難の大合唱が起こった最大の「功労者」は、ほかでもない『台湾論』中国語版を刊行した小林よしのりだ。『台湾論』が称賛した日本植民地統治の評価や、慰安婦をめぐる問題、あまりにも単純化された省籍矛盾をめぐる理解は、はからずしも台湾人が箪笥の奥深くにしまいこんでいたさまざまな問題に火をつけてしまったのである。

◆よしりんはなぜ『台湾論』で失敗したか？

中国語版『台湾論』は二〇〇一年二月七日、台湾の前衛出版社から出版された。この出版が台湾社会に与えた騒動は著者本人にとっても思いがけないものだったようだが、実際に『台湾論』を批判している人々の広がりは、著者の小林よしのりが断じているような、少数派たる外省人（中国人）の反発というような矮小なものではない。

発売後の二月二一日には、『台湾論』に掲載された「慰安婦は本人の志願によるもの」という親日派で奇美公司を率いる財界人許文龍の発言をめぐって、台湾人慰安婦問題に取り組んできた台北市婦女救援基金会の荘國明と、民進党・国民党・新党・無所属立法院議員（国会議員に相当）、および弁護士・学識経験者らが一堂に会して記者会見を開き、『台湾論』は史実を歪曲し、台湾人元慰安婦の人権を蹂躪している」と訴え、『台湾論』の販売禁止と不買を訴えた。

二二日には、新党の議員らが台北にある大型書店、誠品書店の前で『台湾論』と日の丸旗を燃やすというパフォーマンスを演じ、『台湾論』の焚書と販売停止を訴えた。

二三日には二人の台湾人元慰安婦が声をあげた。彼女らは超党派の議員たちに付き添われて張俊雄行政院長（首相に相当）に面会し、「許文龍は人ではない。豚や犬にも及ばない」と声を荒らげ、小林を『台湾論』にいざなった許文龍・蔡焜燦らを陳水扁政権の資政職から解任するよう要求したのである。

三月二日に台湾内政部（内務省）は「出入国および移民法」に基づいて『台湾論』著者小林善紀（よしのり）の台湾入境禁止措置を決めた。審査委員会ののちに会見した簡太郎内政部次長は「小林氏は同法の規定する『公共の安全、公共の秩序や善良な風俗に危害を及ぼす恐れのある者』に該当する」とし、「『台湾論』の主張や観点は慰安婦への人道的配慮に反し、国家・民族の尊厳を傷つけた」とその理由を説明した。これによって小林の出版記念サイン会を兼ねた訪台計画は吹っ飛び、小林周辺は色めき立った。

さっそく東京から日本語学校の校長で、陳水扁政権の国策顧問をつとめる金美齢が急遽訪台して、陳水扁政権に小林および許文龍擁護のため懸命の働きかけを行った。このような働きかけが功を奏して翌三月の二三日には、「措置決定当時と環境がかわり、小林氏が訪台しても、公共の安全や秩序に大きな影響は与えない状態になった」として、小林の入境禁止措置は解除されたのである。

小林は台湾での『台湾論』批判の集中砲火を本省人と外省人の対立という省籍矛盾に矮小化し、これらをすべて外省人のせいにしているが、台湾の人々の複雑なエスニックはそれだけに止まらない。多数を占める福建省南部から渡ってきた福佬を主体とする本省人と、一九四七年以降に蒋介石とともに中国大陸から逃れてきた外省人（中国人）との省籍矛盾のみならず、本省人のなかには、さらに客家人などの漢族のほか、山地先住民や、漢族と混交がすすんでいる平地先住民（平埔族）の存在もある。言語も多様で、福佬が台湾語（閩南語）を話すのに対して客家は客家語を話し、先住民もそれぞれの言語を持っている。『台湾論』の霧社事件に関する叙述や「（大東亜戦争で）皇軍にみな志願した」という叙述に激しく怒ったのは、これら先住民の人々であった。

いまや台湾で若い世代の共通語は学校で教えられている中国語である。だが、これとて戦後のことで、日本植民地時代に教育を受けた老人世代は、日本語が共通語になる。

小林よしのりを『台湾論』に誘った許文龍・蔡焜燦らの接待人脈はこれら日本語世代にあたり、日本植民地時代を高く評価していることから、台湾では「媚日派」ともいわれる。たしかに植民地時代の教育・産業開発のインフラなどが台湾人の文明化にまったく寄与しなかったとは言わないが、これらはいずれも日本のために行われたことであり、これらの人々の接待コースに乗っただけでは、ありのままの台湾を理解したことにはならない。

もうひとり、小林を『台湾論』に誘った張本人が先述の金美齢である。古くからの台湾独立運動の闘士であり、最近では台湾建国連盟日本支部の広報官として八面六臂の活躍をしている彼女は、「台湾変天」で陳水扁政権が誕生するとともに、陳総統を支える国策顧問の一人となった。小林『台湾論』で主張している内容は、台湾独立を唱える金美齢ら台湾建国連盟の主張ときれいに符合し、いまや『台湾論』とは、建国連盟のプロパガンダ作品とも言えるのである。

だが、台湾の人々の多数が「台湾独立」でまとまるような社会的基盤がはたして台湾社会内部に醸成しているだろうか。

▲…総統選で連戦候補を応援する李登輝総統。(2000年３月16日)

台湾行政院大陸委員会が一九九九年六月二四日に行った台湾の「統一・独立」をめぐる世論調査において、「できるだけ早く独立を宣言」とする人々はわずかに四・二パーセントしかおらず、「現状維持ののち独立」とする一一・三パーセントの人々を加えても一五・五パーセントに過ぎない。

逆に「出来るだけ早く（中国と）統一」という人も三・五パーセントしかおらず、現状維持ののち統一という一四・八パーセントを加えて統一派もわずかに一八・三パーセントに止まる。

実際に一番多いのは、「現状維持ののち、状況を見て判断」という三四・八パーセントであり、「永久に現状維持」という一九・七パーセントを加えると、現状維持派は五四・

七パーセントと過半数を超える。

また台湾人としての認同（アイデンティティ）も分裂しており、自らを台湾人とする人は三六・九パーセント、中国人と自己規定する人は一二・七パーセントで、「台湾人でもあり、中国人でもある」と説明した人は四五・四パーセントに及んだ。私の乏しい取材経験でも、二〇〇〇年の台湾総統選挙において、台北の連戦陣営や陳水扁陣営の人々は「華人ではあるが、中国人ではない」と自己規定していた。また、選挙の勝敗があきらかになった翌日、国民党本部前で「李登輝下台！」と叫んでいた人々は普通話（北京官話）を使っていたのである。候補者や支持層によって使用言語が異なるという台湾社会の現実を見せつけられて、当時の私は大変なショックを受けたのを覚えている。

一九九八年一二月の台北市長選挙で、現職だった陳水扁市長（現「中華民国」総統）を破った馬英九が選挙運動中に李登輝総統とかわした有名な問答がある。李登輝に「君はどの人だね」と問われた馬英九は、「申し上げます。私は台湾の米を食べ、台湾の水を飲んで育った新台湾人です」

これを聞いた李登輝は「よーし。（台湾に）先に来ようが後に来ようが皆新台湾人だ。だが、どの道を行くかが重要だ。君はどの道を行くのか？」

こう問われた馬英九は「はい。李総統の民主化政策の大道を歩みます」と答えている。

（発言の部分は一九九八年一二月二日付『聯合報』の日本語訳）

外省人である馬英九が現職で高い支持率を持つ陳水扁台北市長を破るうえで、この対話は選挙戦の重要な転換点となったといわれる。この選挙に敗れた陳水扁が二年後の台湾総統選挙で売りにしたのが自らの弱さをさらけ出す戦術であった。「弱勢政権、全民政府」という陳陣営のスローガンは、かりに総統選挙に勝利しても議会で少数与党を強いられる陳水扁陣営が、自ら台湾社会の融和に腐心している姿を映し出している。

「新台湾人」といい、「全民政府」といい、国民党・民新党を問わず台湾の政治家たちが自らの社会の認同の分裂のなかでその融和に腐心しているときに、小林は安易に『台湾論』で省籍矛盾を抉りだし、華々しく「台湾独立」をうたいあげてしまった。外省人派でなくとも、台湾社会がこぞって猛反発で迎えたのは当然のことだった。

台湾在住で日本語の『台湾通信』を発行している早田健文氏は、台湾社会内部の省籍矛盾や統一・独立をめぐる対立について「台湾社会ではこの対立を解消するため、これまでどれだけの努力と犠牲が払われて来たことか」と述懐し、「『台湾論』はそれに火をつけてしまった」「ようやく静まりかけていた対立が、これでまた出発点に戻ってしまった」と嘆き、「どいつもこいつも、いいかげんにしろ、といいたい。書いたやつも、批判するやつも、擁護するやつも、みんなやめてくれ」と悲鳴に近い声をあげている。（二〇〇一年四

月四日付『読売新聞』アジア衛星版のリレー・エッセイ）

日本で流布している金美齢・黄文雄ら台湾独立派の言説や、李登輝・許文龍に代表される日本語世代の言説は、「日本精神」などと日本の文化を讃えてくれるから、右翼的な日本人には随喜の涙が出るくらい嬉しいものらしい。だがこれを台湾のスタンダードなどとは絶対に思わない方がいい。

小林『台湾論』のなかで筆者がいちばん印象に残っているのは、小林の訪問を接受した陳水扁総統の態度である。小林が懸命に誘導しようとする話題に陳はなかなか乗らない。そして小林の漫画のデザインや情報量の多さばかり褒め讃えている。そこには陳の「有力な支持者の紹介だから、やむをえず会った」という本音が見え隠れしているようにも思えてならない。「全民政府・新中間路線」を掲げ、台湾内部の融和と黒金政治（政治家と暴力団の癒着構造）の払拭など山積する課題に取り組もうとしている陳水扁政権にとって、台湾内外に新たな対立を誘発する小林の存在はありがた迷惑な存在でしかない。あらかじめお膳立てされた接待コースに乗って書かれた小林『台湾論』は、あまりにも台湾社会の実像からかけ離れている。

中国語版『台湾論』は現在、台湾独立派の人々の手によって台湾の各家庭に戸別配付されていると聞く。日本国内で「つくる会」関係者が『国民の油断』や『国民の歴史』を配付したあの手法である。日本の右派人脈との交わりのなかで、たぐいまれなる小林よしのりの才能を見いだした金美齢によって『台湾論』は事実上構想された。これに安易に乗った小林よしのりは、いまとなっては台湾独立派に骨の髄までしゃぶりつくされる道しか残されていないのである。

[エピローグ]「つくる会」教科書という「腹話術」

▲…日本外国人特派員協会で会見する藤岡信勝氏（2001年 4 月13日）

「つくる会」の教科書を「腹話術」という言葉で最初に表現したのは、東京大学の姜尚中教授である。自民党改憲派とつくる会の関係を示す言葉として、これほど当を得た言葉はないと感心し、私も使わせていただいている。英語に意訳すれば「ダブル・スタンダード」となろうか。

つまり対外的には、「『つくる会』教科書は、民間会社の教科書で、政府の検定を経ているとはいえ、日本政府の立場と同一ではありません。日本政府の立場は、過去の植民地支配・侵略戦争におわびと反省の気持ちをのべた一九九五年の村山首相談話と同一でありま す」と釈明するのである。

これが詭弁であることはアジア諸国はすでに見抜いている。

支持率ひとケタ台の超低空飛行に喘いだ森喜朗改造内閣を検定が終わるまでなんとか持ちこたえさせ、あらゆる手心を尽くして「つくる会」教科書を検定合格に導いたところにこそ、日本政府の本音が「つくる会」の教科書の立場にあることの証左である。

まさしく「神の国、ニッポン」と言わねばならない。メデタシメデタシ。

いよいよ『新しい歴史教科書』と『新しい公民教科書』の見本本が全国各地の教育委員会や中学校に届き始めている。版元の扶桑社をはじめ、新しい歴史教科書をつくる会（以下「つくる会」）の、教科書採択にむけた動きも急だ。

いっぽう、この教科書の歴史歪曲を憂慮し、その検定合格を非難してきた韓国・中国政府は、自国に関係する歴史叙述についてそれぞれ訂正の覚書を文部科学省に提出した。小泉首相、遠山文相は「じっくり読ませていただく」と神妙だが、「いったん検定合格した教科書の記述修正はむずかしい」という本音も聞こえてくる。

◆ＫＳＤ疑惑と「つくる会」——つくる会と政界人脈

政界で「つくる会」教科書を積極的に推進してきたのは、あのＫＳＤ事件で受託収賄罪に問われ、いまは逮捕・留置中の小山孝雄前参議院議員と村上正邦前自民党参議院議員会長を含むタカ派議員グループだった。その「つくる会」人脈をたどると、自民党・財界・右翼が一体となって推進してきた改憲、国家改造への危険な動きが見えてくる。

二〇〇一年元旦の『神社新報』紙の一面トップを飾ったのは、横山大観筆の『神国日本』だった。その作品名から連想するのは、今は「お役御免」となった森喜朗前首相の物議をかもした「神の国発言」だが、その発言の舞台はほかでもない昨年五月一五日の神道政治連盟の集会であった。直後の『神社新報』は森発言を全文掲載して、ひとり森首相擁護に回ったのである。

横山大観は、戦時中は大日本美術報国会の日本画部門の重鎮だった。日本画にはほかに山口蓬春、西洋画にも藤田嗣治・宮本三郎・小磯良平ら名だたる画家たちが南方の戦地に派遣され、従軍画家として軍当局の庇護のもとで多くの戦争画を量産した。これらの作品は日本の戦意昂揚のためのプロパガンダとして、陸軍美術協会・朝日新聞社などの後援のもとでデパートなどで開催された『大東亜戦争聖戦美術展』を飾った。横山の作品『神国日本』は国内で描かれた富士山の雄姿だが、その題から見ても戦争との関係は否定しがたい。『神社新報』にその動向が詳しい神道政治連盟を震撼させたのが小山孝雄議員の辞職だった。きたる参議院選挙での再選を念頭に、同紙には「小山孝雄議員への支援」(二〇〇〇年八月七日付)などの記事が掲載され、小山議員の地元、山形県の神社界が主催した大会では、「つくる会」の事務局長をつとめる高森明勅国学院大学講師の「日本再建は教科書の是正から」と題した記念講演が行われ、小山議員が祝辞を述べたことが報道されている。(一一月二〇日付)

それが一転、KSD事件で疑惑の渦中となり、一月一六日逮捕、同二六日議員辞職とあいなった。小山の軌跡をたどると、村上正邦議員の秘書時代から、神社界と深い結びつきを持っていたことがわかる。またそのボスである村上議員も、同じくＫＳＤ事件で受託収賄罪に問われて二月二六日に辞職したのだから、彼らを組織的に支援し支えてきた神社界の衝撃は大きかった。小山議員辞職を受けて神道政治連盟は緊急総会を開き、当面、組織として比例区の単独推薦候補を持たないことを決定した。

その小山前議員は、在職中「つくる会」教科書の運動を熱心に支援しており、「つくる会」教科書を批判した野田英二郎教科書検定審議委員の配置替えについても「私が町村文相に申し入れた」と、政治的圧力をかけたことを公式に認めている。

小山議員は「つくる会」の西尾幹二会長や小林よしのりらとも深く交わっていた。小山議員はＫＳＤ事件で逮捕必至となると、西尾幹二に送った書簡で自らの不明を詫びている。このように「つくる会」周辺には、汚職で手の汚れた村上・小山前議員をはじめとする自民党改憲派人脈と深いつながりがかいま見えてくる。

◆「つくる会」と右翼人脈

昨年一月「ピースおおさか」で南京大虐殺否定派が右翼学者東中野修道を招いた講演会

「『南京大虐殺』の徹底検証」を開いた。設立以来、平和運動の殿堂として「ピースおおさか」を支えてきた地元の市民グループは、館設立の趣旨に反するとして反対したほか、駐大阪中国領事館も「日中友好を損なう」と館側に自重を申し入れた。ところが館側は「すでに規定に従って会場を貸してしまったので撤回できない」の一点張りで、集会は反対の声を無視して強行開催されたのである。集会当日には、機動隊がものものしく警備するなか、右翼団体の装甲車と、素手で集まった地元市民グループ・中国人留学生らがにらみあい、会場周辺は騒然とした雰囲気に包まれた。

翌二月二六日には、この集会を主催したグループによる「中国の内政干渉に断固抗議する、南京大虐殺はなかった！　シナよ！　ありもしない事件を捏造するな！」と題した集会、デモ行進も行われた。集会では「つくる会」公民教科書の口絵に「尖閣諸島に代議士が上陸」と絶賛された西村眞悟議員（自由党）や土屋敬之都議（民主党）などが文書でメッセージを寄せ、大阪のうつぼ公園から中国領事館を経て梅田の繁華街に至るコースをねり歩いた。

この集会のプレスリリースには「市民のデモ」「女性歓迎」などと書かれていたのだが、実際に集まった二〇〇名ばかりのうち、わたしの目視では、女性はわずか三名しか確認できなかった。この時に叫ばれた「南京大虐殺はでっちあげだ！」「中国は謝罪せよ！」などというシュプレヒコールは、その語尾になると右翼独特のドスの効いた音調となって、大阪のビル街にこだましたのである。

〔資料〕**対中共・弾劾表明　項目**（右翼団体が大阪集会で配付）

一、「中共」は、『独立国家』『日本』に対する「内政干渉」を、直ちに、停止せよ！
二、「中共」は、所謂『ピース大阪』での「南京大虐殺のウソ」証明集会への「言論弾圧」を直ちに、やめよ！
三、「中共」は、十年間で二倍以上の軍備拡張、核兵器増強を、直ちに、停止せよ！
四、「中共」は、一度も中国領土であったことのない『台湾』独立への、軍事脅迫を、直ちに、やめよ！
五、「中共」は、我国固有の領土たる『尖閣列島』への不法な要求を、直ちに放棄、謝罪せよ！
六、「中共」は、過去の「反日謀略」「内政干渉」の数々に関して、深く反省、謝罪せよ！
七、「中共」は、「盧溝橋事件」を勃発せしめた政治犯罪、戦争犯罪を再確認し、日中両国民に心から謝罪せよ！
八、「中共」は、昭和十二年、日本人婦女子を大量虐殺した「通州事件」の責任を認め、日本国民に、謝罪せよ！
九、「中共」は、我国からの経済援助の事実を国内に隠さず発表し、素直に、感謝せよ！
十、「中共」は、我国からの経済援助を軍備拡張費に、回すな！
十一、「中共」は、少数民族の独立要求を認め、被抑圧民族を、解放せよ！
十二、「中共」は、チベット、ウイグル、その他の少数民族に対する血なまぐさい弾圧を、直ちに、停止せよ！
十三、「中共」は、不法入国者を悪用した我国への人口移動による新たな侵略政策を停止し、不法出国を取締まれ！
十四、「中共」は、「酸性雨」等の環境破壊による日本攻撃、侵略を停止し、国内の「公害」源を、解消せよ！
十五、「中共」は、我国に対する総ての「脅迫」「恐喝」「恫喝」行為を、直ちに停止し、過去の罪科を謝罪せよ！
十六、「日本政府」は、独立国家、政府としての自覚と誇りを、確保、表明せよ！

十七、「日本政府」は、外国に対する「土下座・屈辱外交」を直ちに、やめよ！
十八、「日本政府」は、外交からの総ての「内政干渉」「恐喝」を断固として拒絶反論反撃し、適切な制裁を実施せよ！
十九、「日本政府」は、不法入国の外国人を厳重に取り締まり、我国労働者の雇用を、保障せよ！
二十、「日本政府」は、在日外国人による「地方参政権要求」等の特権要求を断固、排除し、不逞外国人を、追放せよ！
二十一、「日本政府」は、在日外国人の『公務員』採用による我国への「主権侵害」「侵略予備」活動を、禁止せよ！
二十二、「日本政府」は、領土、領海、領空、経済水域の主権を守り、国民の財産と安全を、確保せよ！
二十三、「日本政府」は、米国に強要された「自衛隊」を、名誉ある『国軍』に止揚し、我国の安全保障を、確立せよ！
二十四、「日本政府」は、欧米文化への隷属、模倣政策を放棄し、我国の伝統と文化、そして『国体』を護持、擁護せよ！
二十五、「日本政府」は、総ての外国による「政治的・経済的・文化的侵略」に、断固として反撃せよ！
二十六、『日本国民』は、外国からの総ての「内政干渉」「脅迫」「恐喝」を、粉砕するぞ！
二十七、『日本国民』は、日本民族の独立と自主、自尊、愛国精神を、再確認するぞ！
二十八、『日本国民』は、我国古来からの伝統と文化、そしてそこから確立された『国体』の精華を、死守するぞ！
二十九、『日本国民』は、神聖なる我国固有の領土、『尖閣諸島』を守り、『北方領土』と『竹島』を絶対に奪還するぞ！
三十、『日本国民』は、民族精神と伝統文化を守り、我国肯定の『正しい歴史認識』を、国際社会に、要求するぞ！

右、日本国民、民族の『声なき声』の一部を『二・二六事件』より六十四年経たる本日、近畿の地にて、要約、表明、主張せり。当時、祖国『日本』を思う赤誠、斃れたる『重臣』、処刑されたる『青年将校』の双方にあり。今、又、吾等日本国民、声を大にして民族の心情を吐露す。幽冥に在りて吾等を見守られる先輩、先達諸卿、現実在の国民各位、吾等の心情、主張、言魂を傾聴せられよ。
平成十二年（皇紀二千六百六十佳年）　如月（二月）二十六日　白梅の咲き染めし季節に

このデモの主催者のひとりで、叫ばれたシュプレヒコールの数々を起草した人物に、右翼団体「一日会」のメンバーである中山嶺雄がいる。中山はテレビ朝日「朝まで生テレビ」などで「中学教師長谷川潤」の名で出演しており、藤岡信勝らが主宰する「自由主義史観」研究会とも深い関わりを持つ。

その「自由主義史観」研究会は、中曾根康弘元首相や統一協会との関係が取り沙汰される昭和史研究所や、衛藤晟一前衆議院議員らが創設した日本青年研究所など右翼グループから多くの人材が参加しているとされ、一九九七年一月に設立大会を開いた「つくる会」は、この「自由主義史観」研究会と人脈がほぼ重なっている。

◆「つくる会」と財界人脈

右派学者グループが創設した昭和史研究所は東京都中央区銀座のチャンドラ・ボーズビ

界

右翼団体

日商会頭
総長：椛島有三

日本青年協議会　衛藤晟一前自民党衆議院議員ら
日本教育研究所　代表：椛島有三日本青年協議会代表

多くの人材が参加

右翼学者グループ

昭和研究所　中村粲創立，事務局長：小山和伸

所員の参加

青年学生セミナー　代表：中村粲

↓
所員の参加
↓

書をつくる会
東西東京と県単位に全国48支部）
講師，理事に藤岡信勝東京大学教授，高橋史朗明星大学教授ら

教科書改善連絡協議会
（略称：改善協，「つくる会」の指導で全国に都道府県支部を組織化）
官，運営委員長：伊藤哲夫日本政策研究センター代表，事務局長：鈴木敬

↓

各地方ごとにある他のグループとも協力して地方議会への請願・陳情・意見書攻勢
全国の教育委員に同協議会隔月刊『ニューズレター』無料配布
＊このほか『国民の油断』文庫版などを教育委員・地方議会に無料配布する匿名グループが存在

(歴史改ざん派人脈図)

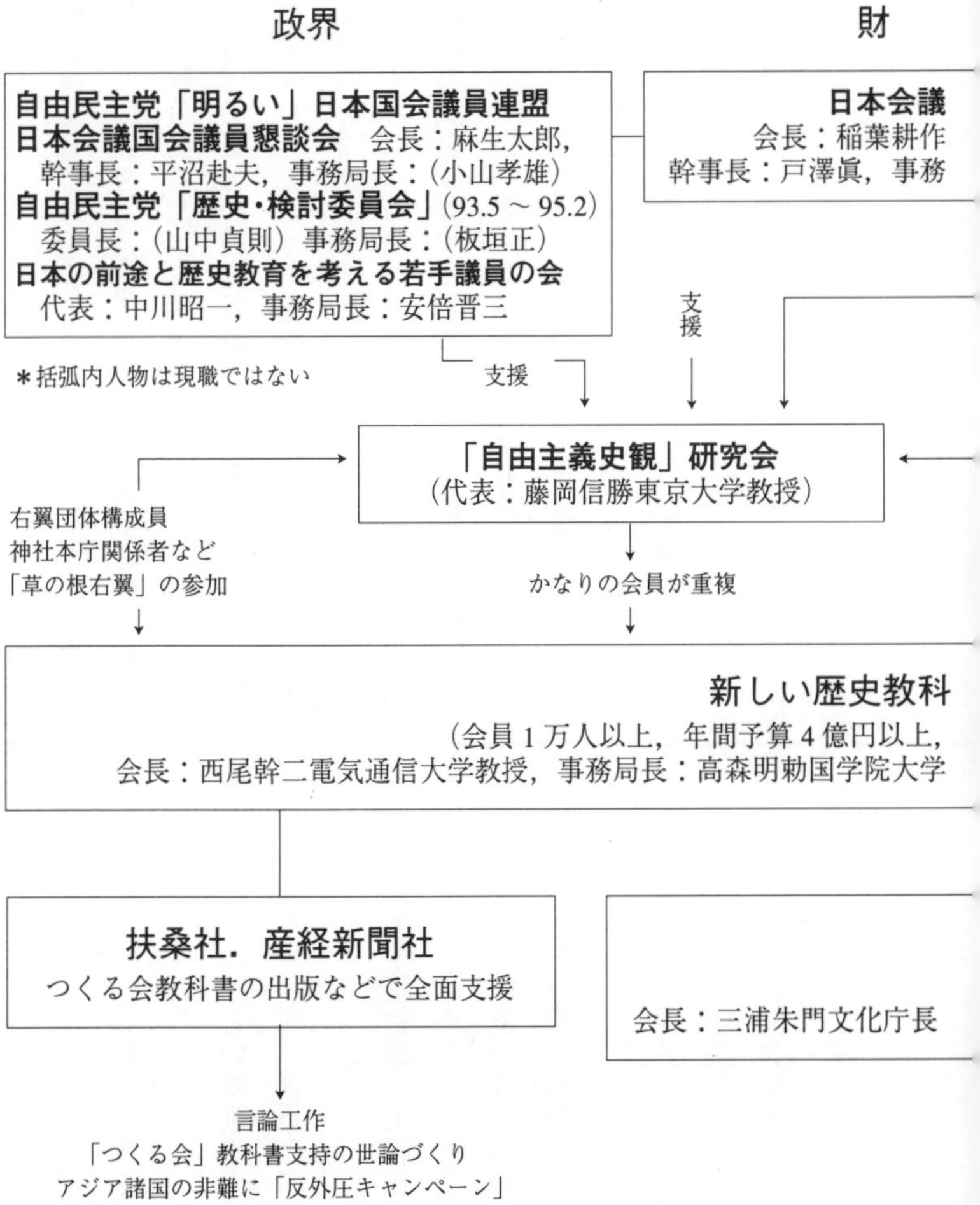
政界
財
自由民主党「明るい」日本国会議員連盟
日本会議国会議員懇談会　会長：麻生太郎，
幹事長：平沼赳夫，事務局長：(小山孝雄)
自由民主党「歴史・検討委員会」(93.5 ～ 95.2)
委員長：(山中貞則)　事務局長：(板垣正)
日本の前途と歴史教育を考える若手議員の会
代表：中川昭一，事務局長：安倍晋三
日本会議
会長：稲葉耕作
幹事長：戸澤眞，事務
＊括弧内人物は現職ではない
支援
支援
「自由主義史観」研究会
(代表：藤岡信勝東京大学教授)
右翼団体構成員
神社本庁関係者など
「草の根右翼」の参加
かなりの会員が重複
新しい歴史教科
(会員 1 万人以上，年間予算 4 億円以上，
会長：西尾幹二電気通信大学教授，事務局長：高森明勅国学院大学
扶桑社．産経新聞社
つくる会教科書の出版などで全面支援
会長：三浦朱門文化庁長
言論工作
「つくる会」教科書支持の世論づくり
アジア諸国の非難に「反外圧キャンペーン」

ⓒ作成：和仁廉夫

ルに事務所がある。二〇〇一年五月一二日から全国の映画館で公開されている『ムルデカ』の懸賞論文募集の宛先もこのビル内にある。東京裁判を批判した『プライド』（中国名：「自尊」）に続き、「大東亜戦争」で天皇の軍隊がインドネシアを独立に導いたとするアジア解放戦争観にたった問題映画だ。

三月三〇日付の香港各紙は国際面トップで「日本の侵略を美化した新しい映画が、隣国の抗議をひきおこす」と紹介し、「つくる会」教科書の検定合格と並んで、最近の日本の右傾化を示す具体例として、大きく報道していた。

同じく「つくる会」と聖戦史観を共有する靖国神社も、境内の戦争博物館「遊就館」に新たに零戦を設置するなどの内容を含む大規模なリニューアル工事を進めている。これが計画どおり進むと、新たに公開されるのは「つくる会」教科書が教室で使われ始める二〇〇二年七月になるとのことで、考えかたによっては、「つくる会」教科書に連動する歴史改ざん派の連動する動きと見て取ることもできる。

また、「つくる会」には改憲をめざす政財界の横断グループ日本会議のメンバーが多く含まれているが、その日本会議がこのほど刊行したのが『新憲法のすすめ』だ。同書は大原康男国学院大学教授のほか、西尾幹二電気通信大学教授、西部邁秀明大学教授、長谷川三千子埼玉大学教授、中西輝政京都大学教授などが執筆にあたっており、このうち西尾・

西部両氏が「つくる会」の歴史・公民教科書の執筆総括責任者であったことを考え合わせると、「つくる会」教科書はまさしく日本会議人脈ときれいに重なっていることが見て取れる。

◆「腹話術」教科書のゆくえ

「つくる会」教科書の問題は、戦後の価値観や民主主義体制に不満を持つ自民党改憲派議員集団が、民間団体である「つくる会」や扶桑社に《腹話術》的に教科書を作らせた（姜尚中）という屈折した構造にある。

彼らはここで検定制度を隠れ蓑に使い、「日本はアジア諸国とは異なって民間会社が教科書をつくるので、いちど『検定』を合格した教科書には、政府としてはいかんともしがたい」と釈明するのである。

だが、検定とはまぎれもなく国家の公権力行使であり、公的な性格を有するその教科書で、戦後日本が独立国家として存立することを許されるに至ったサンフランシスコ講和条約をはじめとする周辺各国との個別条約・協定などの国際公約に反する歴史解釈・評価を下すことは、自ら国際公約に違反した犯罪行為である。すくなくとも戦後のドイツやヨーロッパ的な基準から見れば、これは容認されない事態といえよう。韓国・中国政府が日本政府に対して、「覚書」の形で記述訂正要求を出してきたのはしごく当然のことと言わねばならない。

検定を通過した「つくる会」側は、当面『新しい歴史教科書』『新しい公民教科書』(扶桑社版)の教育現場での採択・普及に全力を注いでくると見られる。だが、彼らの究極的な目標が、さらに日本国憲法の改憲による国家改造にあることを読み誤ってはならない。

アジア諸国が日本に対する態度を自制しているなか、このような国家主義的再編を阻む日本の民主主義の力量がいま問われている。

あとがき

中国・韓国は反日で、台湾は親日であるなどという俗説がある。日本との間に外交問題が生じたとき、歴史的経験などからそういう側面が出やすいのは事実かもしれないが、これは一面的評価で正確ではない。中国・韓国といえども親日の要素はふんだんにあり、台湾といえども反日感情はあまたある。

そもそも日本を取り巻く近隣諸国を親日と反日に二分して捉えることのほうが日本人の身勝手なのであって、ともに幾多の歴史の荒波をくぐってきた以上、そこには愛憎入り交じったさまざまな感情が交錯している。これを手前勝手に一色に染めて解釈することの方が実はナンセンスなのだ。

本書は前作『歴史教科書とナショナリズム』(二〇〇一年三月/社会評論社刊)の続編として構想された。二〇〇一年四月初頭に発表された「つくる会」教科書の検定合格を挟んで、その前後のアジア諸地域のリアクションを中心に執筆したものである。著者の得られる情報にも濃淡があり、その内容には偏りもあるかもしれないが、「つくる会」教科書がアジアの人々にどのように伝えられ、それぞれの地でどのようなリアクションを引き起こしたかを理解する素材として活用していただけたらと思う。

「つくる会」は、彼らの教科書の採択が少ないであろうことを見越して二〇〇一年六月二日より『新しい歴史教科書』『新しい公民教科書』を「市販本」として一般書店で流通させる作戦に出た。彼らの国家観・歴史観がいかに古臭く、いびつなものであるか公になったわけで、この教科書の歴史・社会認識をめぐる問題は、近隣諸国も巻き込んでさらに長期化を強いられそうだ。

なお、今回もひとりひとりのお名前をあげないが、資料の収集や記事などの訳出には多くの方々のご協力を仰いだ。また、社会評論社の新孝一氏には、編集作業のみならず、訳文の吟味などにも手を煩わしている。あわせて感謝申し上げる。

二〇〇一年六月一三日

和仁廉夫

和仁廉夫（わに・ゆきお）

1956年東京生まれ、ジャーナリスト。神奈川県立高校、予備校教師（日本史）を経て、現在にいたる。香港軍政史研究を端緒に、香港、マカオ、台湾、日本の華僑・華人社会と交わり、日本との関係史や現状分析を手がける。著書『歴史教科書とナショナリズム』（社会評論社）、編著『旅行ガイドにないアジアを歩く・香港』（梨の木舎）、共著・共編に『写真・図説日本の侵略』（大月書店）、『香港軍票と戦後補償』（明石書店、中国語版が香港・明報出版社から刊行）、『香港「返還」狂騒曲』（社会評論社）、『教室から自由主義史観を批判する』（かもがわ出版）、『公論よ起これ！「日の丸君が代」』（太郎次郎社）など。

歴史教科書とアジア——歪曲への反駁

2001年6月30日　初版第1刷発行

著　者——和仁廉夫
発行人——松田健二
発行所——株式会社社会評論社
東京都文京区本郷2-3-10　電話 03(3814)3861　FAX 03(3818)2808
http://www.shahyo.com
印　刷——ミツワ
製　本——東和製本

ISBN4-7845-0771-X　Printed in Japan